일제침탈사 26
바로알기

부산·경남 지역
일제 침략전쟁의 기억과 흔적

• 김윤미 지음 •

발간사

일본이 한국을 침탈한 지 100년이 지나고 한국이 일본의 지배로부터 벗어난 지 70년이 넘었건만, 식민 지배에 대한 청산은 이루어지지 못하고 있습니다. 일본의 독도영유권 주장은 도를 넘어섰습니다. 일본은 일본군'위안부', 강제동원 등 인적 수탈의 강제성도 인정하지 않고 있습니다. 일본군'위안부'와 강제동원의 피해를 해결하는 방안을 놓고 한일 갈등은 최고조에 이르고 있습니다. 역사문제를 벗어나 무역분쟁, 안보위기 등 현실문제가 위기국면을 맞고 있습니다.

한일 갈등은 식민 지배의 역사를 어떻게 볼 것인가 하는 역사 인식에서 기인합니다. 역사는 현재와 과거의 대화이며 이를 기반으로 미래로 나아갈 수 있습니다. 과거 침략의 역사를 미화하면서 평화로운 미래를 말하는 것은 불가능합니다. 식민 지배와 전쟁발발의 책임을 인정하지 않고 반성하지 않으면 다시 군국주의가 부활할 수 있고 전쟁이 일어날 위험성도 배제할 수 없습니다. 미래지향적 한일관계를 형성하고 나아가 동아시아의 평화와 번영의 기틀을 조성하기 위해 일본은 식민 지배의 책임을 인정하고 그 청산을 위해 노력해야 할 것입니다.

식민 지배의 역사를 청산하기 위해서는 식민 지배는 어떻게 이루어졌는지 그 실상을 명확하게 규명하는 일이 긴요합니다. 그동안 일본제국주의에 맞서 조국의 독립을 위해 헌신한 독립운동가들의 활동을 찾아내고 역사적으로 평가하는 일에는 상당한 성과를 거두었습니다.

반면 일제 식민침탈의 구체적인 실상을 규명하는 일에는 충분한 노력을 기울이지 못했습니다. 제국주의가 식민지를 침탈했다는 것은 너무나 당연한 사실로 여겨졌기 때문에, 굳이 식민 지배에서 비롯된 수탈과 억압, 인권유린을 낱낱이 확인할 필요가 없었는지도 모릅니다. 그러는 사이 일본은 식민 지배가 오히려 한국에 은혜를 베푼 것이라고 미화하고, 참혹한 인권유린을 부인하는 역사부정의 인식을 보이는 데까지 이르고 있습니다. 일제의 통치와 침탈, 그리고 그 피해를 종합적으로 조사하고 편찬할 필요성이 여기에 있습니다.

일제침탈사를 체계적으로 정리하는 일은 개인이 감당하기 어렵습니다. 이에 우리 재단은 한국 학계의 힘을 모아 일제침탈사 편찬위원회를 꾸렸습니다. 편찬위원회가 중심이 되어 일제의 식민지 침탈사를 정치·경제·사회·문화 모든 방면에 걸쳐 체계적으로 집대성하기로 했습니다. 일제 식민침탈의 실체를 파악하기 위해 2020년부터 세 가지 방면으로 사업을 추진하고 있습니다. 하나는 〈일제침탈사 자료총서〉를 편찬하여 구체적이고 생생한 자료를 통해 일제침탈의 실상을 제공하는 일입니다. 다른 하나는 이들 자료를 바탕으로 연구한 결과물을 〈일제침탈사 연구총서〉로 간행하는 일입니다. 그리고 연구 결과를 대중이 이해하기 쉽게 정리하여 〈일제침탈사 교양총서〉를 '바로알기' 시리즈로 간행합니다. '바로알기' 시리즈는 우리 중학교, 고등학교 학생들도 어렵지 않게 읽을 수 있도록 제작했습니다. 오랫동안 학계에서 공부해 온 전문가 선생님들이 일제 침탈과 관련된 다양한 주제를 집필해 주셨습니다. 이해하기 쉽도록 해당 주제를 사안별로 나눠 집필해서 가독성을 높였고, 사진과 도표로 충분히 곁들였습니다. '바로알기' 시리즈를 통해 많은 시민과 학생들이 제국주의 일본의 한반도 침탈과 그로 인한 피해 실상을 바로 알 수 있게 되기를 바랍니다.

2023년
동북아역사재단 이사장

서문

 인류 역사는 전쟁의 역사라는 말이 있다. 세계사적 보편성의 시각으로 본다면 한국사 역시 이러한 해석이 가능하다. 특히 한국사의 대전환을 가져왔던 큰 요인은 전쟁이었다고 보아도 무리가 없을 것이다. 그렇다면 이 전쟁들의 가장 전략적인 위치는 어디였을까? 육상으로 침입하면 국경일 테고, 해양으로 침입하면 대한해협이 아닐까.
 해협에는 경제적, 군사적, 문화적으로 중요한 의미가 있다. 예로부터 해협을 차지하려고 국가 간에 경쟁이나 전쟁이 치열했다. 대한해협이 뜨거워지면 한국사에 큰 변혁이 일어났다. 대표적으로 일본이 대한해협을 건넜던 조선 시대 임진왜란을 들 수 있다. 이 전쟁은 조선에는 국가통치체제 붕괴 및 전후 복구의 시대 과제를 남겼고, 중국에는 명나라와 청나라가 교체되는 국제질서의 변화를 가져왔다. 일본에는 도요토미 막부의 몰락과 에도 막부의 등장이라는 결과를 불러왔다.
 청나라 중심의 전통적인 동아시아 국제질서를 붕괴하고 군국화를 통해 주변국을 불법 침략한 청일전쟁 역시 대한해협을 통해 일어났다. 러시아는 대한해협에서 일본에 대패하며 국제적 위상이 추락했고, 러시아 혁명으로 가는 길에 바람을 불어넣었다. 아시아태평양전쟁에서는 대한해협을 누가 차지하느냐를 두고 일본과 미국이 사활을 건 전투를 치렀다. 세계대전이라고 불리는 한국전쟁에서는 미군과 유엔군이 대한해협을 건너 한반도에 상륙했다.

대한해협을 차지하기 위해 일본이 일으킨 전쟁의 흔적은 한국 곳곳에 남아 있다. 그중 부산, 경남 지역의 전쟁유적은 러일전쟁에서 아시아태평양전쟁까지 일본군이 한반도에 미친 영향 그리고 해방 이후 일본인과 일본군의 귀환 과정과 성격까지 보여준다.

러일전쟁 시기 거제도에는 일본 해군기지, 부산 가덕도에는 일본 육군기지가 건설되었다. 이것은 시작이었다. 진해와 부산을 중심으로 경남 지역의 군사적 역할이 커지면서, 일본군은 아시아태평양전쟁 말기까지 군사기지를 확대했다. 일본 해군은 진해를, 일본 육군은 마산과 부산을 거점으로 삼았다. 육지에서는 일본과 대륙을 연결하는 항구와 철도 수송망 구축과 유지에 중점을 두고 바다에서는 일본과 조선을 연결하는 대한해협, 일본과 만주를 연결하는 항로 방어를 목적으로 군사력을 배치했다.

전쟁유적은 일본 해군이 주둔했던 거제도와 진해를 비롯해서 육군이 주둔했던 마산, 부산, 거제도, 울산, 밀양, 통영, 남해까지 모든 해안 지역과 섬에 남아 있다. 특히 부산, 마산, 진해에는 일본군 병영과 관련 시설이 밀집되어 있고, 거제도 지심도와 통영 매물도 등 남해안 섬에도 여러 군사 시설물이 구축되었다. 남해에도 일본군이 주둔하기는 했으나 이 지역은 여수와 하나의 군사권역을 이루고 있었다.

경남 전쟁유적에서 특징적인 장소는 해군기지, 육군요새, 비행장이다.

일본군이 주둔했던 곳은 교통망의 핵심인 항구, 철도, 비행장이 있는 곳이었다. 마산항과 마산역, 진해항과 진해역, 삼랑진역과 밀양·김해비행장, 삼천포항과 삼천포역 그리고 진주·사천비행장이 있다. 진주와 사천에 있는 비행장은 아시아태평양전쟁이 끝날 때까지 터를 닦는 공사만 진행되었다. 1945년 이전에 존재한 비행장은 사천·해운대·울산비행장이고, 1945년 전후 신설한 곳은 진주·밀양비행장이다. 일본 해군은 진해비행장과 김해비행장을 건설했다.

  이 책에서는 현재 남아 있는 전쟁유적을 소개한다. 현장을 답사하여 촬영한 사진을 담고, 일본이 생산한 자료를 첨부했으며, 전쟁유적에 대한 경험을 가신 구술사의 기록도 수록했다. 지역별 혹은 주제별로 답사를 하는 데 도움이 될 수 있을 것이다.

2023년
김윤미

차례

발간사 • 2
서문 • 5

제1장 한반도에서 치른 러일전쟁 • 11

1. 러일전쟁의 전장이 된 거제도 송진포 • 12
2. 진해만을 방어하는 가덕도와 저도의 육군 요새 • 25
3. 일본군 주둔 지역의 군율 적용 • 34
4. 한반도 해역을 장악한 일본 • 40

제2장 대한해협에 구축한 일본의 군사기지 • 47

5. 일본 해군이 건설한 진해 군항 • 48
6. 진해요새사령부의 진해만 방어 • 57
7. 제1차 세계대전 이후 조선해협요새사령부 설치 계획 • 65
8. 워싱턴 군축회의와 지심도, 장자등 포대 신축 • 74

제3장 아시아태평양전쟁과 군사 수송 • 83

9. 대한해협의 수송 강화에 따른 부산요새사령부 편성 • 84
10. 울산과 부산의 육군 비행장 개설과 방공 • 92
11. 일본 해군의 진해 수상항공기지와 부산 항공기지 • 97

제4장 1945년 미군의 상륙과 일본군의 귀환 • 105

12. 일본의 '본토결전'과 부산요새관구의 해안방어 • 106
13. 밀양, 진주, 사천평야에 들어선 미완의 비행장 • 113
14. 여수항과 삼천포항 방어를 맡은 남해의 일본군 • 120
15. 해방 후 일본군의 귀환과 미군정의 시작 • 123

참고문헌 • 127
찾아보기 • 130

제1장
한반도에서 치른 러일전쟁

1
러일전쟁의 전장이 된 거제도 송진포

진해만을 둘러싼 러시아와 일본 해군력의 충돌

진해만은 한국 해군의 모항이자 본부가 있는 곳이다. 이러한 군사 요충지로서의 중요성은 근대 동아시아 정세에서 오히려 더 주목받고 부각되었다. 조선이 개항하고 군함 기항이 자유로워지자 러시아와 일본은 해군 전략의 요충지인 대한해협 진해만을 차지하기 위해 경쟁했다. 진해만은 경상남도 남부에 있으며, 거제도와 가덕도로 둘러싸인 약 30평방리(120㎢)의 큰 만이다. 만 내는 풍랑을 걱정할 필요가 없었으며, 수심이 깊은 데다 무수히 많은 작은 만이 있어 군함이 정박하기에 적당했다. 또 진해는 대한해협에서 한반도로 들어오는 항만도시였다. 부산은 해협에서 직접 접근이 가능하지만, 진해는 다수의 도서(島嶼)가 존재하여 항만을 군사적으로 방어할 수 있고, 원양으로 진출하는 데 수월하며, 마산을 통해 내륙 군사 교통이 원활하게 이어지는 장점이 있어 해군기지로 최적지였다.

　이러한 군사, 지리적 장점으로 일본과 러시아는 진해만을 확보하기 위해 마산포 조차(租借)를 원했다. 조차는 거주지 및 통상을 목적으로 하는 조계(租界)가 아니라 타국의 영토를 빌려 그 지역 내에서 입법·사법·행정을 관장하고 조차지의 치안과 군사적 방어를 위한 병력이 주둔할 수 있는 등 독점적 관할권을 가지는 것이다. 따라서 조차지는 명분상으로 정치, 경제적 조차였지만, 현실적으로는 군사력을 배치할 수 있는 군사기지와 같았다.

　가장 먼저 조계지의 군사적 활용을 요구한 세력은 러시아였다. 러시아는 1884년 7월 7일 조선과 수교하면서 영국 이외의 열강에 부여하지 않았던 군함의 자유로운 조선 항구 내왕권을 받았다. 조로수호통상조약 제8조 "조선 정부는 조선국 영해의 측량, 해도의 조제 등에 종사하는 러시아 군함에 대해서는 가급적 협조한다" 등의 조항을 통해 한반도 근해 전체를 자유롭게 조사했다. 러시아는 해양 측량을 명분으로 러시아 군함의 내항을 허가하도록 요구하고, 조선의 허가를 넘어 협조까지 요구한 것이다.

　러시아의 군항 확보를 위한 노력은 곧 실행되었다. 1894년 7월 25일 청일전쟁이 발생하자 러시아 정부는 8월 동아시아 문제에 대해 특별협의회를 소집했다. 러시아는 대한해협이 '제2의 보스포루스 해협'과 같은 전략적 가치가 있다고 판단했다. 만약 일본이 이곳을 장악하면 러시아가 동해를 따라 자유로이 항행할 길이 막히므로, 한반도 주변 해역에 대한 전략적 측면에서 대단히 중시했다. 더욱이 1898년 청과 뤼순조차협정을 체결한 후 태평양함대의 모항은 블라디보스토크, 지휘부는 뤼순에 설치하여 함대 전력을 분산하면서 더욱더 전략요충지로 마산포를 포기할 수 없었다. 동아시아의 정세가 급변하자 러시아도 시베리아 소함대를 태평양함대로 확대 개편하여 동아시아에서 해군력을 증강하고자 1895년 4월 '태평양함대 증강 5개년계획 심의회의'에서 예산을 증액했다.

러시아는 1898년 뤼순과 다롄을 25년 동안 조차하기로 했다. 이에 따라 진해만은 러시아와 일본 각자에 더욱 중요한 군사요충지가 되었다. 러시아에는 뤼순과 블라디보스토크 중간 기착점이자 일본이 한반도와 만주로 향하는 길목을 차단하는 요충지였고, 일본에는 러시아의 해상교통로를 차단하여 블라디보스토크항과 뤼순항의 군사기지로서의 역할을 무력화하는 동시에 일본이 대륙으로 갈 수 있는 교통로였다. 이처럼 진해만은 근대 한반도의 국제정치 및 군사적 중요성을 상징적으로 보여주는 공간이었다. 진해만을 군사적으로 확보하느냐에 따라 동아시아 정세에서 주도권을 가질 수 있었기 때문이다.

진해만의 군사 지리적 중요성을 절감한 일본은 적극적으로 진해만을 장악하고, 일본 해군의 주둔 및 정박지로 활용했다. 진해만을 둘러싸고 러시아와 일본의 팽팽했던 충돌이 깨진 것은 러일전쟁이었다. 일본의 군사행동으로 한반도의 제해권 확보는 물론, 조선에 대한 군사강점도 시작했다. 일본 입장에서 뤼순항에 정박해 있는 러시아 함대는 언제든지 서해로 나와 전투력을 발휘할 수 있었고, 블라디보스토크의 해군함대는 동해에서 일본군을 위협했다. 러시아 발트 함대, 뤼순항의 함대, 블라디보스토크 함대가 결합하면 일본의 연합함대를 능가하여 서해와 동해의 제해권을 장담할 수 없었다. 일본이 경계한 러시아 함대의 항로 한가운데 있는 곳이 진해만이었다.

거제도 송진포에 건설한 일본 해군기지

해군작전 제1계획(요령)

1. 내외에 우리 함대 행동의 비밀을 유지하기 위해 가능한 모든 수단을 다해 연합함대(제1, 제2함대)를 사세보에서 출발시켜 뤼순 방면의 적 함대를 기습한다.
2. 연합함대의 사세보 출항에 이어 제3함대로 하여금 조선해협(대한해협)을 굳게 지키게 하고 블라디보스토크 방면의 적을 경계하고 방어하도록 한다.
3. 함대 발진 후 시기를 보고 해군전시편제를 실시한다.
4. 가근거지를 진해만에 설치한다.
5. 사세보와 팔구포 사이에 부설할 해저전신선을 통해 한국의 남서해역에서 움직이는 우리 함대와 통신 연락을 유지한다.
6. 대마도에서 거제도를 거쳐 마산포에 이르는 전신선을 부설하고 가근거지 및 한국 내지로 통신연락을 유지한다.
7. 함대 발진과 동시에 육군병력을 출발시켜 인천으로 수송한 뒤 상륙시키고, 이를 위해 극비리에 필요한 병력을 사세보에 미리 승선시켜 두는 것이 필요하다.

(비고) 진해만은 조선해협을 확실히 장악하고, 한일 양국 간의 교통확보를 위해 필요하므로 피아의 정황에 상관없이 먼저 점령하도록 한다.

- 출처: 海軍, 「第1編 開戰前─般の狀況及び開戰/第1章 起因」, 『極秘 明治37.8年海戰史 第1部 戰紀 卷1』
(JACAR, Ref.C05110031200)

일본이 진해만을 군사적으로 활용한 사례는 러일전쟁을 대비한 일본군의 준비 과정에서 확인할 수 있다. 일본 참모본부는 1903년 10월 21일 대한제국에 대한 협의에서 12월 말까지 전쟁 준비를 완료하기로 했다.

제1단계는 한반도를 장악해 병참 기지화하고, 제2단계는 만주에 있는 러시아군을 공격한다는 구상이었다. 이에 따라 제해권, 한반도의 육상 교통로, 전쟁 물자 및 전신선을 확보하고, 한반도 북부로 신속히 병력을 이동하기로 했다.

12월 16일 일본은 정부와 원로들의 회의에서 개전을 결정했다. 28일 일왕의 최고자문기관인 추밀원 회의가 열리고 대본영 조례, 재정상 필요한 조치를 해 전쟁 준비에 필요한 긴급 칙령을 가결하고 공포했다. 같은 날 해군은 도고 헤이하치로(東鄕平八郞) 중장을 사령관으로 하는 연합함대를 편성했다.

제1함대와 제2함대는 사세보항에 대기했다가 목포만에 집결한 후 뤼순으로 북상하여 러시아 함대를 공격하고, 제3함대는 진해만에 집결해 대한해협을 장악하며, 육군은 해군과 협력해 인천으로 상륙하여 곧바로 서울(한성)을 장악한다는 내용이었다.

일본 육군 임시선발대 약 2,200명이 2월 8일 인천에 상륙했다. 임시파견대가 상륙을 마친 직후 인천의 일본 영사관은 러시아 함선에 인천항을 떠나라고 통고했다. 일본 군함은 기다리고 있다 인천항을 벗어나는 러시아의 두 함선을 포격했다. 러시아 함선이 자침과 자폭을 선택하면서 인천 앞바다 제물포해전은 일본의 승리로 끝이 났다.

한편 제3함대는 1904년 2월 5일 일본 해군대신의 출동명령으로 진해만 점령과 대한해협 경계를 위한 태세를 갖추었다. 이미 해군은 1904년 1월 12일 일본 사세보 진수부에서 '일본제국 해군 가근거지방비대'를 조직했고, 2월 18일 선발대를 거제도로 출발시켰다.

가근거지방비대는 가근거지를 방비하는 일본군 부대이다. 청일전쟁

이후 유사시에 임시 해군기지가 필요하다는 논의를 시작하여 1897년 가근거지방비대조례 제정으로 탄생했다. 대륙침략 전쟁을 계획한 일본이 다른 국가 영토에 군사시설을 설치한다는 조례였다. 가근거지방비대는 출정함대로 편성되어 임시 근거지의 항구와 근해를 방비하는 임무를 맡았다. 일본 해군은 송진포에 가근거지를 세우면서 팔구포, 아산, 해주읍, 대동강, 원산 등에도 임시 근거지를 마련했다.

일본 아시아역사자료센터에서 제공하고 있는 『극비 메이지 37.8년 해전사(極秘 明治37.8年海戰史)』에 송진포근거지방비대 위치도가 실려

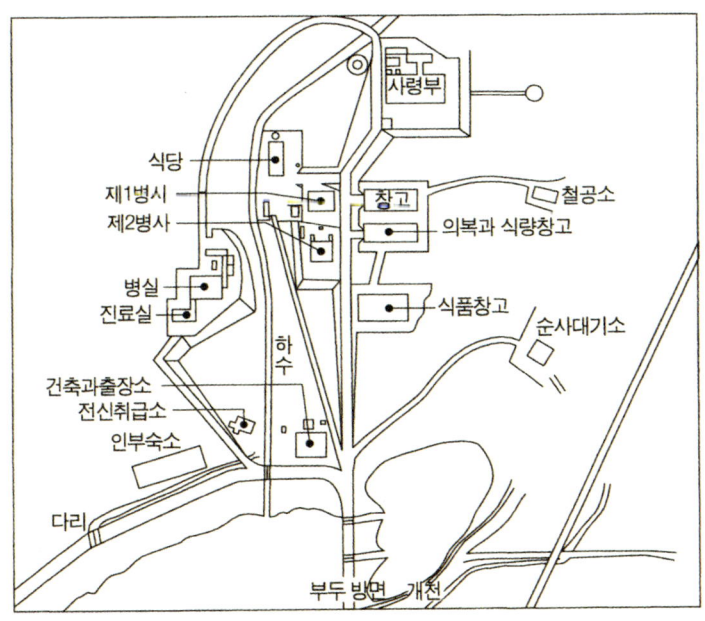

〈그림 1-1〉 송진포 가근거지대 진해만방비대 배치도
- 출처: 다케쿠니 도모야스 지음·이애옥 옮김, 2019, 『진해의 벚꽃』, 논형, 73쪽

〈그림 1-2〉 송진포만 전경

- 출처: 2023.11.30. 촬영

〈그림 1-3〉 송진포만의 해안산책로와 매립지

- 출처: 2023.11.30. 촬영

있다(〈그림 1-1〉). 송진포초등학교 뒤쪽에 방비대사령부가 있었고 그 아래 창고, 병사, 진료소, 순사주재소, 전신취급소가 있다. 해안 가까이 가면 인부숙소가 여러 채 보인다. 석조잔교와 목조잔교에서 물자를 육지

〈그림 1-4〉 송진포근거지방비대 사령부 터

- 출처: 2023.11.30. 촬영

〈그림 1-5〉 송진포근거지방비대 사령부 터의 송진초등학교 교적비

- 출처: 2023.11.30. 촬영

로 끌어올렸을 것이다.

송진포 가근거지에는 배를 정박할 큰 항구를 만들지 않았다. 함선은 모두 진해만 내 바다 위에 정박해 있었다. 선박 수리는 일본 사세보 진

〈그림 1-6〉 거제시청 기록관 제2보존서고
- 출처: 2023.11.30. 촬영

〈그림 1-7〉 '일본해해전 연합함대근거지 기념비' 앞면
- 출처: 2023.11.30. 촬영

〈그림 1-8〉 거제시청 기록관 제2보존서고 앞 임시보관함
- 출처: 2023.11.30. 촬영
앞면 假根據地防備隊跡(가근거지방비대적) / 뒷면 昭和六年五月(소화 6년 5월)

〈그림 1-9〉 '송진포가근거지방비대적'비 앞면
- 출처: 2023.11.30. 촬영

수부와 구레 진수부로 갔다. 진해만은 7개 구역으로 나누어 각 함선이 정박하는 묘박지(錨泊地)가 되었다. 묘박은 항구에 접안하여 정박하는 것이 아니라 바다 위에서 닻을 내리고 정박하는 것을 말한다. 대표적인 군함은 미카사(三笠)였다. 미카사의 전투일지에 당시 훈련 상황이 자세

히 남아 있다.

송진포 가근거지가 있었던 송진포 마을에서는 러일전쟁의 흔적을 찾기 어렵다. 그러던 중 2020년 7월, 송진포 마을에서 집중호우 대비를 위해 배수로 작업을 하다가 도로변 풀 속에서 '가근거지방비준비대적(假根據地防備隊跡)' 표석을 발견했다. 또 송진포초등학교를 중심으로 한 언덕길 평지 끝자락에는 기단부만 남은 콘크리트 조형물도 남아 있다. 이는 '송진포 일본해해전 연합함대근거지 기념비'이며, 일명 러일전쟁 기념비이다. 표석과 비석은 모두 거제시청에서 보관 중이다.

대한해협 해전의 실전 연습장

1904년 10월 15일, 러시아 제2태평양함대가 출발했다. 이 소식을 접한 일본은 진해만 내 송진포 근거지에 1905년 1월부터 연합함대 제1함대와 제2함대 주력함을 집결시켜 조함, 습격, 심야전, 함포사격, 어뢰 발사 등 각종 훈련 및 실전과 같은 해상 기동훈련을 약 3개월간 실시했다. 매일 1~2회 실탄 사격훈련을 의무적으로 시행했는데, 취도가 사격 표적으로 설정되었다. 취도는 거제 가조도 북쪽에 있는 무인도다. 일본 함대가 포격 연습을 했던 섬은 형체를 완전히 잃고 바다 한가운데 나지막한 언덕으로 남아 있고, 한쪽 능선에 일본이 세운 기념탑이 세워졌다. 배편이 없는 곳인데도 사람들이 취도를 찾는 것은 이곳에 러일전쟁의 상흔이 그대로 있기 때문이다.

일본이 진해만에 세운 기념탑은 러일전쟁과 진해만의 군사사적 의미를 상징적으로 보여준다. 일본군은 기념탑을 통해 일본 해군의 대러시아 전쟁 승리를 엄중하게 기억하고, 이를 길이 한반도에 남겨 두고자 했

〈그림 1-10〉 진해 제황산 진해탑
  - 출처: 2022.4.20. 촬영

〈그림 1-11〉 진해 제황산 '일본해전기념탑'
  - 출처: 한국저작권위원회

다. 장엄한 규모로 건립된 기념탑은 일본 해군이 일본제국군의 중심 역할을 하고 있다는 것을 보여주고자 한 것이다. 일본군 내부적으로 육군과 경쟁 관계에 있었던 해군의 강력함과 승전을 대내외적으로 표방한 일본 군국주의의 상징물이다.

러일전쟁을 기념하는 탑은 거제 취도와 진해 제황산에도 남아 있다. 일본 해군이 가장 처음 주둔했던 송진포에는 1931년 5월 27일, 일본 해군의 영구 병영이 있는 진해에는 1929년 5월 27일 기념탑이 건립되었다.

1929년 러일전쟁 발발 25주년을 맞이해서 기념탑을 건립하자는 의견은 거제도 송진포 주민이 먼저 냈다. 이 의견을 모아 1926년에는 경상남도지사에게, 1927년에는 송진포를 방문한 진해요항부 사령관에게 제안했다. 진해요항부 사령관은 주민 요청을 해군대신에게 전달하고, 1928년 8월 송진포에서 '기념비건설 발기인회'를 조직하고 본격적인 활동을 시작했다. 러일전쟁에서 연합함대 지휘를 맡았던 도고 헤이하치로에게 두 장의 친필 비문도 받아둔 상태였다.

그러나 이 논의를 접한 관계자들은 더 큰 건립 사업을 기획했다. 진해

〈그림 1-12〉 진해박물관 입구

- 출처: 2023.12.1. 촬영

〈그림 1-13〉 진해박물관 내부

- 출처: 2023.12.1. 촬영

에 대규모 기념탑을 건립하자는 움직임이 형성되었다. 진해요항부 사령관, 조선총독부 정무총감, 진해만요새사령관, 경상남도 지사, 도고 헤이하치로, 내각총리대신 겸 외무대신, 내각과 각 군의 대신 등을 고문으로 한 '일본해 해전 기념탑 건설회'가 구성되었다. 대대적인 모금 활동을 벌이면서 1928년 8월 해군대신에게 기념탑 건립과 관련한 탄원서를 제출했다. 그리하여 1929년 5월 27일 진해에 기념탑이 먼저 건립되었고, 송진포에서는 진해기념탑 건립 2년 뒤인 1931년 5월 27일 제막식이 거행되었다. '취도기념'이라고 크게 새긴 탑이 취도에 세워졌다.

 진해의 '일본해 해전 기념탑(日本海海戰記念塔)'은 오늘날의 제황산 정상에 건립되었다. 이날 해군성 해군대신을 대리하여 해군대장이 참석하는 등 2만여 명의 인파가 몰렸다고 한다. 탑까지 오르는 계단은 모두 75개의 돌계단으로 이루어져 있는데, 아래쪽 37개는 러일전쟁이 발발한 '메이지 37년(1904)'을 뜻하고, 위쪽 38개 계단은 러일전쟁이 끝난 '메이지 38년(1905년)'을 의미한다고 한다. 이 탑은 1976년 철거되었고, 그 자리에 해군 군함을 상징하는 9층의 '진해탑'을 설치했다. 1990년부터 진해박물관으로 사용하고 있다.

2
진해만을 방어하는 가덕도와 저도의 육군 요새

진해만요새사령부가 설치된 가덕도 외양포

군사적으로 주요 군사기지는 공세적 운용도 중요하지만, 효과적인 방어를 통한 생존성 확보가 더 중요하다. 이를 고려하여 동서고금의 모든 군사기지는 방어기재를 철저하게 구축하고자 했다. 진해만의 방어력을 제고하고자 일본은 어떠한 방어기재를 구축하였는가?

일본 해군은 송진포 가근거지를 설치하고 훈련을 계속하는 동안 대본영에 육군 요새 구축을 요구했다. 진해만의 유일한 출입구인 동쪽 바다를 방어하고 가근거지 엄호를 요청한 것이다. 이에 일본 육군은 1905년 가덕도와 저도에 포대를 건설하고 진해만요새사령부와 중포병대를 파견했다.

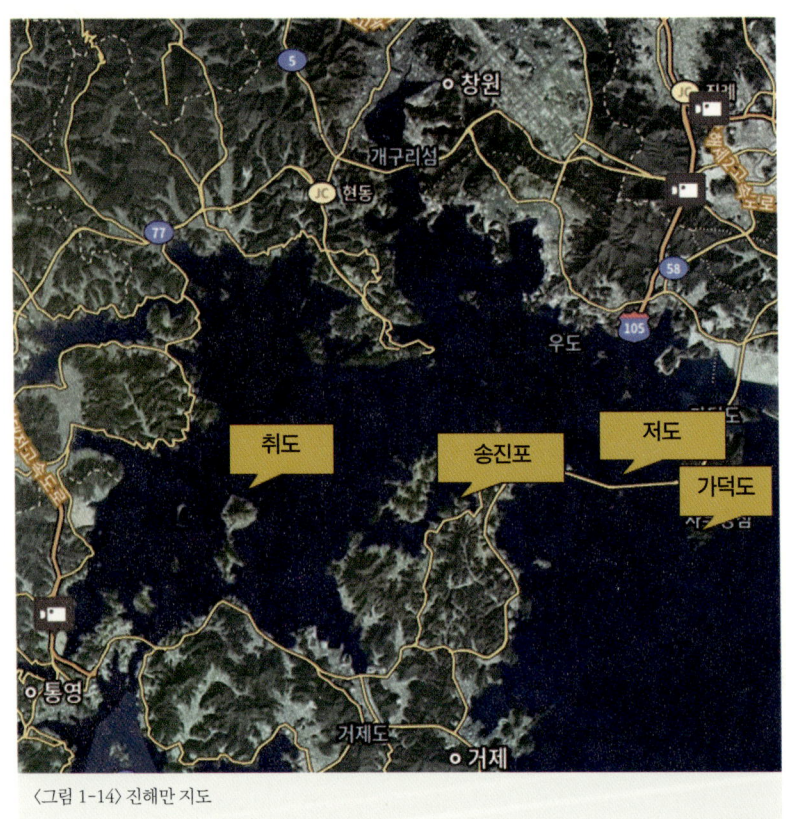

〈그림 1-14〉 진해만 지도

- 출처: 네이버맵

1904년 8월 5일 일본 참모총장은 제3임시축성단에 명령했다.

"진해만과 마산포에 대한 적 함대의 공격을 방지할 목적으로 거제도 동북각에서 저도, 죽도를 거쳐 가덕도에 이르는 선상에 적절한 방어 구축물의 위치를 선정하여 구축 및 병비 작업을 실시하라."

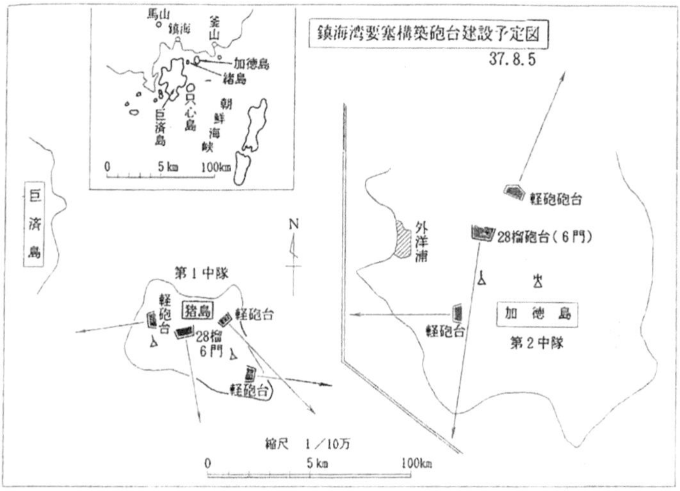

〈그림 1-15〉 1904년 가덕도, 저도 포대 계획도
- 출처: 朝鮮所在重砲兵聯隊史編纂委員会, 1999, 『重砲兵聯隊史-馬山·永興灣·羅津·麗水』, 千創(東京), 70쪽.

저도와 가덕도는 진해만 초입에 위치한 섬으로, 진해만 해군 병력의 안전을 도모하는 역할을 했다. 사령부 건물, 병사용 막사, 창고, 우물, 위병소, 포대 설치 공사까지 완료한 후 제3임시축성단은 1905년 1월 7일 영흥만 요새 구축을 위해 원산으로 이동했다.

1904년 11월 22일 진해만요새포병대대 편성 요령이 전달되고, 진해만 입구 방비가 결정되었다. 유라(由良)요새포병연대와 시모노세키(下關)요새포병연대에서 각각 편성하여 12월 대대본부와 제1중대 268명은 저도에, 제2중대 251명은 외양포에 도착했다. 대대본부는 저도에 처음 배치되었다가 다시 외양포로 이동하여 한국주차군사령관 예하로 들어갔다. 1905년 4월 15일 '다롄만 및 진해만요새사령부 편성 요령'에 따

〈그림 1-16〉 사령부발양지 기념석
- 출처: 2016.6.25. 촬영

〈그림 1-17〉 외양포 포대
- 출처: 2016.6.25. 촬영

〈그림 1-18〉 새바지 동굴 오른쪽 입구
- 출처: 2016.6.25. 촬영

〈그림 1-19〉 관측소
- 출처: 2023.11.30. 촬영

라 5월 가덕도에 요새사령부를 개청했다.

　가덕도와 저도는 진해만 입구에 있는 섬이다. 가덕도는 부산에 속해 있지만, 2010년 가덕대교가 완공되어 출입이 자유롭다. 저도는 여전히 배가 아니면 갈 수 없다. 가덕도에서 거제도를 연결하는 거가대교가 저도를 지나가지만, 도로는 연결되어 있지 않다. 현재 가덕도와 저도에는 일본이 구축한 요새가 그대로 남아 있다.

　가덕도 요새가 있는 곳은 외양포라는 작은 해안마을이다. 마을 전체가 국방부 소유 국유지라 주민들은 약간의 수리를 하며 오래된 건물에

기거하고 있다. 마을 옆에는 큰 규모의 포진지가 형태를 온전히 유지하고 있는데, 입구에 1936년 일본이 세운 비가 서 있다. 비 앞면에는 '사령부발상지'라는 큰 글씨가 있고, 뒷면에는 1905년 4월 21일 부대 편성 명령이 내려지고 5월 7일 편성된 부대가 외양포에 상륙했다는 내용이 새겨져 있다. 포진지에는 4개의 둥근 포좌와 탄약고 등으로 사용했을 콘크리트 건물로 구성되어 있다. 외양포마을과 포진지를 지나 산으로 조금만 오르다 보면 관측소, 화약고, 산악보루가 있다.

가덕도의 서쪽 해안 새바지에도 암벽을 뚫어 구축한 시설이 있다. 새바지의 해안으로 미군의 상륙 가능성이 있어 이를 방어하기 위한 시설이었을 것으로 추정된다. 또 이곳은 부산 다대포항을 마주하며 낙동강을 방어하기에 적합하다.

대항마을에서 진해만을 바라보는 산 아래는 5개의 인위적인 동굴이 연결되어 있다. 육군성에서 '진해만요새지 제1구역'이라고 각인한 표석도 찾을 수 있다. 이전에는 진입로가 없어 배를 타고 해안에서 언덕을 올라야 했지만, 현재는 부산시 강서구청에서 동굴 탐방로를 만들어 방문객을 맞고 있다.

일본군은 진해만의 방어를 위한 주요 군사방어력을 구축하며, 방위사령부라는 명칭보다 요새사령부라는 부대 명칭을 부여했다. 일본군은 진해만의 방어를 구상하면서 각지의 암벽, 섬에 구축된 방어력을 요새화하는 것을 고려했다. 즉 방어시설과 군사력을 요새화하여 외부 공격에 노출되기보다 방어력의 안전성과 방비를 함께 고려했다. 이는 청일전쟁기 청의 주요 방어력, 러일전쟁기 러시아의 중요 방어력이 노출된 상황에서 콘크리트로 자체 방어력을 제고한 반면, 진해만은 자연적인 환경을 최대한 활용하여 요새화한 점이 대비된다. 또 군사력을 뒷받침하는 국력의 반영 역시 중요하다. 청나라와 러시아가 당대 최고 국력을 가졌다는 자부심으로 노출된 방어기재를 시설했다면, 일본은 전쟁 수행에 필요한 국력이 부족한 상황에서 당시 군사력을 최적으로 활용하는 것이 필요했다.

군용지 수용과 주민들

군사기지가 설치된 지역은 무엇보다 군용지의 수용과 원주민과의 관계가 핵심적인 사안로 등장한다. 자국의 특정 지역을 활용하는 것이 아니었기 때문에 군용지 수용과 주민 이주 및 부역은 민감한 문제였다. 가덕도는 이를 잘 보여주는 공간이다.

부산 가덕도 외양포에는 현재까지 일본군 병영과 군사시설이 남아 있다. 순식간에 과거로 이동한 듯한 착각이 든다. 외양포항에서 마을 입구로 들어서서 옛 헌병대 초소를 지나면 바로 병영이다. 마을에 우물이 9개나 있을 정도로 많은 병력이 주둔한 곳이다.

1905년 일본군이 주둔을 시작해서 1945년까지 병영을 확장하고, 포대 등 군사시설을 곳곳에 배치했다. 이때 일본군이 사용했던 군용지 범위는 '육군사용지(陸軍使用地)'라는 표석을 통해서 확인할 수 있다. 강금봉 부근 제414호, 성토봉 부근 제133호, 삼박등 부근 파손, 구곡산 부근 제305호, 어음포 부근 제13호와 제9호, 누릉능 부근 제14호와 제6호가 남아 있다.

외양포가 일본 군용지로 지정되기 전 이곳에는 주민들이 거주하고 있었다. 마쓰이의 보고(1904. 8. 27)에 의하면, 군사시설 설치 이전 외양포의

〈그림 1-20〉 일본군 관사

- 출처: 2016.6.25. 촬영

〈그림1-21〉 우물

- 출처: 2016.6.25. 촬영

한국인 마을 현황은 민가가 70호에 이르렀다. 약 6개월 뒤에 작성된 하세가와 요시미치(長谷川好道)의 문건(1905.3.10)에는 64호로 차이가 있다. 또 퇴거 대상 민가를 가옥 칸수, 매수액 등을 등급별로 구분해 〈가덕도민가 등급표〉를 작성하고, 소유자 성씨도 밝혔는데 허(許)씨 24호, 정(鄭)씨 7호, 배(裵)씨, 장(張)씨 각 6호 등으로 상세히 기술했다.

일본의 군용지 수용과 주민 정책은 한국인의 불만을 가져왔다. 초기에 합법적인 절차를 진행하다가 한계에 봉착하면 집단행동 또는 충돌로 이어졌다. 가덕도 전역의 국·관유지를 비롯하여 민유지까지 강제 점유되자 주민의 원성이 높아졌다. 마쓰이가 육군성으로 전송한 보고서에 의하면, "조선인이 저항은 못 하겠지만 만약 한다면 가래와 괭이를 들어 저항하거나 호미를 들고 한탄하는 탄원과 읍소뿐일 것임"이라고 기록하고 있다. 하지만 주민들은 190년 11월 23일, 28일(음력) 일본군의 군기고를 습격하여 보관 중이던 무기를 탈취하며 강하게 저항했다.

진해만으로 진입하는 적을 막아서는 저도 요새

진해만으로 침입하는 적을 막는 요새화된 방어시설은 암벽에 한정되지 않고, 섬까지 활용되었다. 오히려 섬은 해양세력의 진입에 효과적인 방어기재로 활용되었다. 섬을 중심으로 좌우 모든 방향으로 공격이 가능했으며, 무엇보다 짧은 사정거리 및 정확성에 기반하기 때문이다. 문제는 해양으로 진입하는 세력에 노출되어 집중 공격을 받을 수 있다는 한계가 있다. 이를 해결하려고 섬에 설치한 방어기재는 철저히 생존성을 제고하기 위해 지하화 혹은 암벽 방어시설을 구축해야 한다. 이를 잘 보여주는 섬이 저도이다.

〈그림 1-22〉 저도 탄약고
- 출처: 2021.3.20. 촬영

〈그림 1-23〉 저도 포좌
- 출처: 2021.3.20. 촬영

거제도는 진해항으로 들어오는 길목이자 남해를 운항하는 주요 항로에 있다. 거제도 바로 옆 통영도 남해 항로의 중요한 길목에 위치하여 예부터 거제도와 함께 군사적 역할을 했다. 이곳에 일본군 군사시설이 들어선 것은 러일전쟁 시기였다. 일본 육군은 러일전쟁을 준비하기 위해 1904년 8월 제3임시축성단을 진해만 가덕도 외양포와 저도에 파견하여 요새를 구축하기 시작했다. 4개월 만에 포대 진지와 막사 등을 완공하고, 11월 27일 진해만 요새포병대대를 편성했다. 저도에는 250명 가량의 병력이 주둔하면서 진해만 입구를 방어하는 임무를 맡았다. 이후 1930년대에 거제도 지심도와 장승포 포대가 건설되면서 저도 포대는 기능을 상실했다.

해방 후 저도는 오랫동안 대통령별장 등의 용도로 사용되면서 일반인의 접근이 금지되었다가, 2021년 처음 섬을 개방하고 제한된 방문객을 허용하고 있다. 거제도 장생포항에서 여객선을 이용하면 저도에 갈 수 있는데, 현재 해군이 주둔하고 있어 일부 지역은 출입 금지다.

3
일본군 주둔 지역의 군율 적용

일본 육군의 병영 건설과 군용지 수용

일본은 한반도 각지에 주둔하며 다양한 군사기지를 건설했다. 군사기지에는 군사력, 즉 병력과 무기를 배치하고, 병력이 주둔하기 위한 안정적인 병영시설을 갖추어야 한다. 병영시설의 존재와 규모는 군사력 유지에 있어 핵심 요소이다. 그러면 일본군이 각지에 건설한 육군 병영을 살펴보고, 병영 건설을 위한 군용지 수용 상황을 살펴본다.

일본은 러일전쟁을 계기로 한국에 군용지를 요구하고 병영 건설을 시작했다. 1904년 2월 「한일의정서」에 근거해 군사령부 1개, 사단사령부, 기타 부대를 한국에 주차하기 위해 건축을 시작했다. 1905년 용산 300만 평, 평양 393만 평, 의주 백마(白馬) 282만 평의 병영과 그 외 건설 지구를 설정하고, 1906년 4월 경리부 요원을 배치하여 임시 건축기관을 설립했다.

영구 병영은 나남(보병 여단사령부 등), 회령(보병 1대대 등), 평양(보병 여단사령부 등), 경성(사단사령부 등)으로 결정하고, 공사는 1906년 시작해서 8년간 진행했다. 대상 지역 및 착수 순서는 ①경성, ②용산, ③나남, ④평양, ⑤북청 그리고 함흥, 대구, 광주, 부산, 경흥, 원산, 회령, 신의주, 공주, 인천 순이었다. 1913년 현재 부산에는 육군운수부지부와 부산헌병대 건물을 건립했다. 부지는 1909년 수용했고, 총 2,038평이었다. 이때 육군운수부는 인천, 부산, 청진에 지부와 출상소를 두고 있었는데, 이후 부산수비대가 상주하면서 군용지가 증가했다.

  다음으로 일본군이 한반도에서 대규모의 군용지 건설을 진행한 것은 1915~1922년이었다. 1915년 조선에 2개 상주사단 증설을 결정함에 따라 8년간 나남 제19사단, 용산 제20사단을 중심으로 전국 요지에 일본군 병영, 관아, 숙사, 연습장, 국경헌병대, 각 지역 수비대를 건설했다. 1916~1921년 조선 주둔 상주사단 제19사단과 제20사단의 배치를 완료한 직후 1921년 7월 부산에는 제20사단 80연대 중 일부를 고정 배치했다.

  세 번째로 한반도에서 군용지를 확대하고 군 관련 건축을 시작한 것은 1940년대였다. 1937년 중일전쟁이 장기화하면서 부산과 진해만 일대의 군사적 역할이 확대되었다. 1940년대에는 조선철도가 일본과 대륙을 잇는 수송의 중심이 되면서 부산의 역할이 커졌다. 1944년, 일본은 미군의 상륙을 목전에 두고 조선과 일본에 부대를 집중했다. 이에 따라 부산을 중심으로 경남 일대에 일본군 주둔 병력이 늘어나면서 군용지로 설정되는 공간도 크게 늘었다.

진해만요새에 일본 육군의 군령 공포

대규모 병력이 주둔하고 병영이 건설되면, 병력으로 인한 각종 사회경제적 문제가 발생할 가능성이 있다. 이에 일본은 병영 건설을 시작하는 한편, 군용지에 대한 군령을 설정해 반포했다. 한국주차군사령관은 7월 7일 군율과 군율위범심판규정을 공포했다. 한국 내 일본군의 행동을 저해하는 자를 막기 위해 사형, 감금, 추방, 태형, 과료 등의 형을 부과하겠다는 것이다. 특히 사형에 처하는 사항이 자세하다. 영흥만과 진해만의 요새는 "제 항에 기재한 것 외에 사단장, 병참감 및 요새사령관은 필요에 따라 각 관할 지구 내에 시행해야 할 군율을 발할 수 있다"라는 제7조에 따라 각 요새 보호에 관련된 군율을 정하도록 했다.

진해만요새 군율(1905년 8월 1일, 일일명령 제39호)

제1조 진해만요새사령관은 제국의 군율행동을 저해하는 자를 방지하고 명령 지역 내의 안녕과 질서를 유지하기 위해 한국주차군 군율 제7조에 의거하여 다음과 같이 규정한다.
제2조 본 율에 위배한 자에게 과하는 형명은 다음과 같다. 단, 제2호 이하 형명은 적절하게 병과할 수 있다.
    1. 사형 2. 감금 3. 추방 4. 태형 5. 과료
제3조 감금은 일정 장소에 유치하여 신체의 자유를 구속한다. 단, 시기에 따라 고역(苦役)을 시킬 수 있다. (중략)
제4조 요새사령관 허가를 받지 않거나 사기로 허가를 받아내어 다음에 열거한 행위를 한 자는 군율로 처분한다.
    1. 요새, 방어영조물 내부에 진입한 자
    2. 요새, 방어영조물, 병비 상황 또는 명령지역 내 수륙 형상을 측량,

촬영, 묘사, 녹취, 시찰하거나 또는 이와 관련된 도서를 발행한 자
3. 명령 지역 중 거제도 북단 산성말, 동북부 관포 동단의 돌각, 동북 방면의 이호도 남단, 가덕도 남단 동두말, 낙동강 하구 사암 동단, 낙동강 하구 서안 산양리, 웅천만 동안 안골 서쪽의 돌각, 웅천만 입구의 송도 북단을 연결하는 구역 내에서 다음에 열거한 행위를 한 자

갑. 어렵, 채조, 선박을 계박한 자
을. 가옥, 창고 및 높이 4척 이상의 제반 건축물을 신설 또는 변경한 자
병. 각종 물품을 높이 5척 이상으로 쌓아 올린 자
정. 토사를 굴착하여 우물, 도랑, 배수, 관수, 매장지, 죽목림 경작지를 신설 또는 변경하는 등 지형에 관한 모든 변경 행위를 한 자
무. 사람과 가축 재산에 위해를 가하는 위험물을 장치한 자

제5조 다음에 열거한 행위를 하는 자는 군율에 따라 처분한다.
1. 제국관헌이 설치한 각종 표석, 표목, 표찰 류를 이전하거나 훼손한 자
2. 본 율 위범자를 은닉하고 겁탈, 또는 도주하게 한 자, 해당 범죄 증거의 은폐를 도모한 자, 범죄 사실을 알면시도 이를 신고하지 않는 자

(중략)

제14조 요새사령관의 허가를 받아 본 율 제4조에 열거한 사항을 실행하고자 하는 자는 허가를 받고자 하는 사항을 원서에 상세히 기재하여 부산제국영사 또는 마산포제국영사의 증명서를 받아 진해만요새사령부에 제출해야 한다.

제15조 본 율은 제국해군사령관 명령의 효력을 방해하지 않는다.

- 출처: 국방부군사편찬연구소, 2023, 『조선주차군역사(朝鮮駐箚軍歷史)』, 239~241쪽.

진해만 일대 일본 해군의 군령 공포

1904년 8월 '일본 제국 해군 가근거지방비대 사령관'은 진해만 일대 주민에게 14조로 된 군령을 공포했다.

군령

제1조 결당(結黨) 반항을 기획하고, 그 외 군대, 군함, 군용 선박에 대해 적항 소위(敵抗所爲)가 있는 자는 사형에 처한다.
제2조 방비 지역과 수역(水域) 내에 가설된 군용 전선에 손상을 입힌 자는 사형에 처한다.
제3조 간첩행위(스파이 행위)가 있는 자는 사형에 처한다.
제4조 군사기밀을 누설한 자는 사형에 처한다.
제5조 군사 실행을 방해한 자는 군벌에 처한다. (생략)

– 출처: 다케쿠니 도모야스 저·이애옥 역, 2019, 『진해의 벚꽃』, 논형

이 외에도 군령 제9조에는 사령관의 허가가 없으면 어업을 할 수 없고, "가덕도, 거제도, 봉암도, 한산도 부근과 죽림포, 진해만 내에서 어업과 해조류 채취 등 사업을 경영하고 싶은 자는 거주지 성명과 연령을 기록하며 마산에 있는 일본제국 영사관을 경유하여 방비대사령관 부서에 청원하고 그 허가표를 얻은 후 어업과 해조류 채취를 실시하고 작업할 때는 반드시 허가표를 소지해야 한다"라고 되어 있다.

해군이 설정한 군사구역은 일본 해군의 연습지이기도 하지만, 방어시설과 기뢰가 부설된 위험 수역이 있기도 했다. 해저전선과 관련해서 군령을 어기는 자에 대해서는 제13조에 자세히 규정했다.

방비 지역과 수역 내에 가설된 군용 전선을 보호하는 것은 그 전선이 통과하는 마을 내의 책임으로 하고, 각 마을에서 존위동수(尊位洞首, 높고 귀한 자리)를 수석으로 하여 위원을 설치하고 전선 보호를 담당해야 한다. 보호위원의 과실로 군용 전선에 손해가 발생하면 그 보호위원을 태형 혹은 구수(拘囚, 죄인을 잡아 가둠)에 처하고 마을 내에서 그 가해자를 체포하여 고발하면 그 형벌은 면제한다.

일본 해군의 군령은 일본 육군, 즉 한국주차군의 군령과 거의 같았다. 육상전선에 대해서도 마을 연대 책임을 묻고, 마을 주민들이 보호하도록 했으며, 손해를 입히면 사형에 처하기도 했다.

4
한반도 해역을 장악한 일본

부산과 진해만의 일본 해저전선 부설

1904년 3월 제정된 한국주차군사령부 편성 요령에 따르면, 보병 6개 대대 반(半)에 해당하는 병력과 한국주차병참감부, 임시군용철도감부, 한국주차헌병대, 한국주차전신대, 한국주차병원 등이 있었다. 보병 가운데 2개 대대는 서울(한성)에 주둔하고 나머지 부대는 지역에 분산 배치했다. 이때 일본군이 특별히 신경을 쓴 지원 활동은 일본의 대본영과 최전선 사이의 통신망을 안정적으로 구축하는 작업이었다. 일본군은 전쟁 동안 한반도의 동해와 서해에 필요한 해저전선을 부설했다.

일본군은 청일전쟁을 전후한 시기에 이미 한반도의 주요 지점을 통신선으로 연결하고 헌병대를 동원해 안전하게 관리할 감시망을 운영하고 있었다. 러일전쟁을 기회로 통신선을 확장하고 해저전선을 추가로 부설했다. 가장 먼저 부설을 시작한 것은 목포와 마산선이었다. 1904년 1월

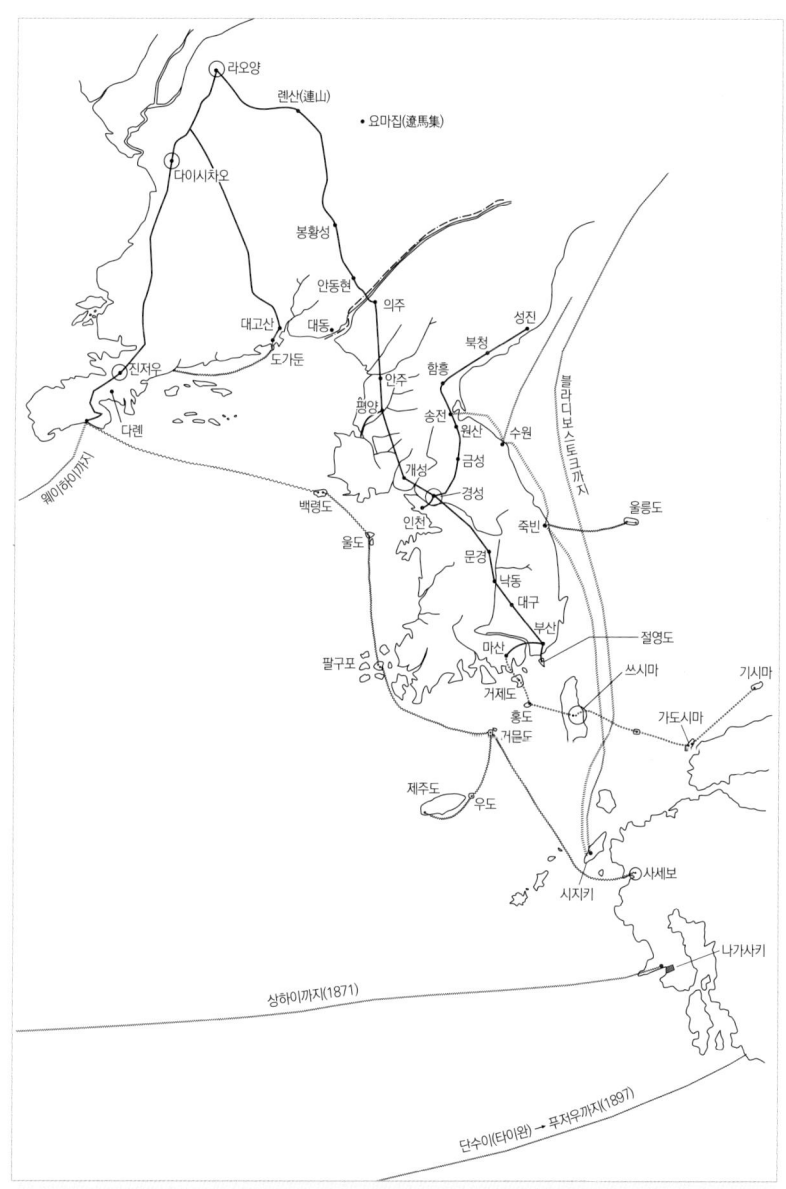

〈그림1-24〉 러일전쟁 시기 해저통신망 부설도

- 출처: 신주백, 2021, 『일본군의 한반도 침략과 일본의 제국 운영』, 동북아역사재단, 60쪽.

4일 해군대신은 사세보-목포 팔구포선, 일본 쓰시마 이즈하라(嚴原)-마산포선 부설을 일본 정부 체신대신에게 요청했다. 해저전선을 부설한 곳에는 군용전신취급소를 설치해서 연락체계를 구축했다. 대부분 군용전신취급소에는 해군 망루를 개설했고, 이곳에서 통신망을 관리했다.

한반도 해안 전역에 설치한 해군 망루

군사기지가 건설되기 위해서는 방위를 위한 군사감시가 항시적으로 운용되어야 하며, 군사명령체계가 원활히 시행되려면 군사통신체계가 갖추어져야 한다. 이를 살펴볼 수 있는 군사유적이 있다. 군사감시 및 군사통신체계로 운용된 해군 망루와 등대이다.

한반도에 등대가 세워진 것은 1894~1895년 청일전쟁 시기 함선 통항의 필요성 때문이었다. 일본의 참모총장과 체신대신의 주도로 1895년 6월부터 4개월에 걸쳐 조선 전 연안의 등대 건설 위치를 조사한 후, 러일전쟁을 앞두고 일제히 등대 건설을 시작했다. 일본의 요구로 처음 탄생한 것이 1903년 6월 점등한 인천 팔미도 등대다. 이때 인천 옹진군 영흥면 외리 해상의 북장자서등표, 백암등표도 1903년 6월 설치되었다. 일본 고베항 등지에서 중국 다롄으로 가는 항로 길목에 등대가 들어섰다.

이처럼 일본 정부의 요구로 세워진 등대도 있지만, 러일전쟁을 계기로 등대가 대거 건설되었다. 등대라고 하지만 정확히는 일본 해군이 건설한 망루였다. 일본에서는 1894년 6월 30일 제정된 칙령 제77호 '해안망루조례(海岸望樓條例)'를 통해 주요 해안에 설치하기 시작했다. 해상과 함선의 신호 및 해상에서 일어나는 주요 사항의 통신을 담당하는 것은 물론 해상 감시, 암호전보, 함선 통과 보고, 기상 관측, 일기예보와 폭풍 경

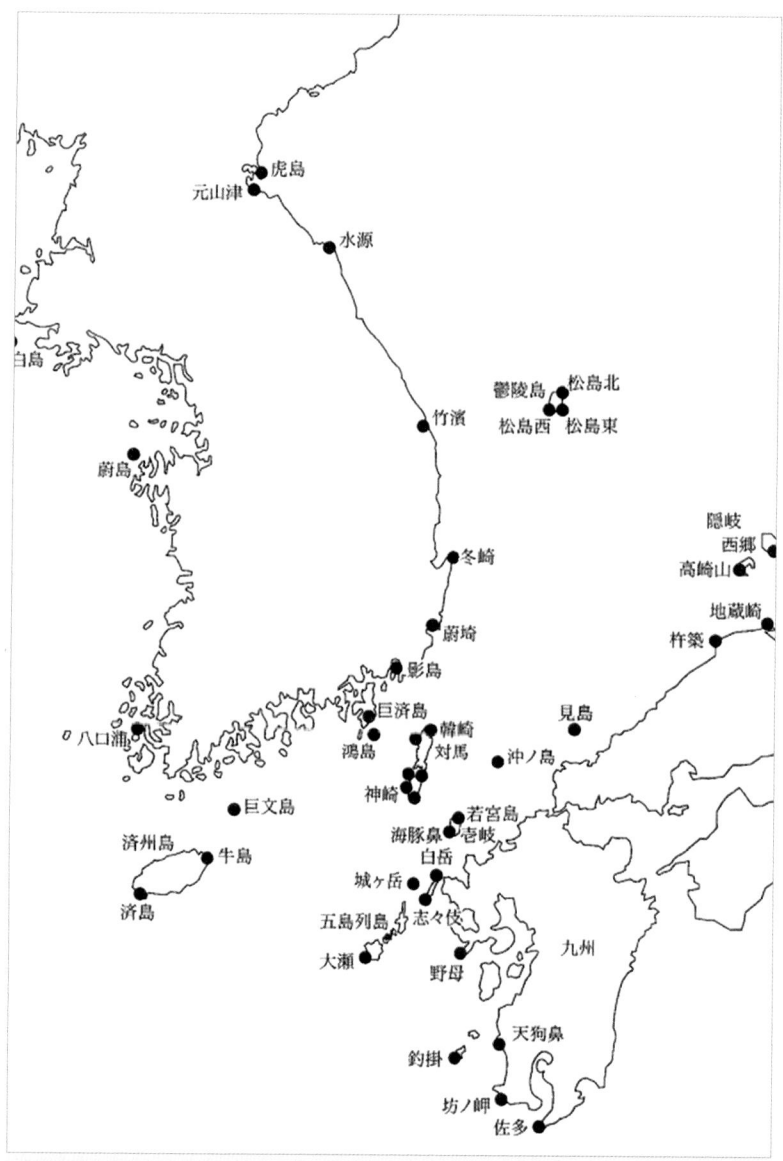

〈그림 1-25〉 러일전쟁 시기 일본 해군 망루 현황

－출처: 稻葉千晴, 2016, 『バルチック艦隊ヲ捕捉セヨ―海軍情報部の日露戦争』, 軍学堂, 211쪽;
海軍軍令部, 『極秘 明治37.8年海戦史 第8部 会計経理 巻6.7.8.別冊』(JACAR, Ref. C05110160200)

4. 한반도 해역을 장악한 일본 · 43

보 알림, 해난 보고 전보 업무를 취급했다. 해안 망루는 1900년 5월 20일 칙령 205호 '해군망루조례(海軍望樓條例)'에 의해 해군 망루로 개칭되었다.

일본 해군은 1904년 2월부터 팔구포를 시작으로 조선 해상에 망루 건설을 시작했다. 이 망루는 통신망을 기반으로 함선과 통신할 수 있는 설비까지 갖추었다. 또 주요 지역에는 기상 관측 업무를 이행하는 곳도 있었다. 한반도 해역은 사세보 진수부 관할이었으므로 망루도 사세보 진수부의 명령을 받았다. 동해의 망루는 원산·영흥·영일·고성·울릉도·울산, 남해의 망루는 부산·통영·거제도·거문도·제주도, 서해의 망루는 팔구포·옹진·백령도까지 한반도 해안 주요 지역에 설치했다.

대한해협의 망루와 그 위에 세워진 등대

해안 망루는 해군의 거점 기지로 해상을 관측하고 빠르게 정보를 송신하는 곳이다. 러일전쟁 시기에 일본 해군이 경남 지역에 건설한 해안 망루는 통영 홍도망루, 거제도 다대망루, 부산 영도망루, 울산 울기망루였다. 홍도망루는 1906년 3월 점등된 홍도등대로, 영도망루는 1906년 12월 점등된 영도등대로, 울기망루는 1906년 3월 점등된 울기등대로 현재까지 남아 있다. 다대망루는 일본 자료에는 다태(多太)라고 기록되어 있지만, 다대(多大)를 지칭하는 것이다.

가장 동남단에 있는 통영 홍도망루는 남해 항로의 이정표였다. '홍도'라는 섬은 전라남도 신안군 흑산도와 경상남도 통영시 한산면에 있다. 신안군 홍도는 '붉을 홍'의 홍도(紅島)로 해안 바위가 모두 붉은 데서 기원하고, 통영 홍도는 '큰 기러기 홍'의 홍도(鴻島)로 한국 영해 기준이 되는 영해 기점이다.

〈그림 1-26〉 다대망루의 흔적
- 출처: 2023.11.30. 촬영

〈그림 1-27〉 다대망루 초입에 세워진 안내문
- 출처: 2023.11.30. 촬영

다대망루는 거제시 최남단에 있는 천장산 정상에 있었다. 1904년 10월 18일 완공되어 무선전신도 가능했던 이곳에서 일본 해군은 해안 관측과 통제를 시작했다. 현재는 붉은벽돌 구조물과 기지터가 남아 있다. 여차마을 주민에 의하면, 당시 일본군 소대 병력이 주둔했다고 어른들에게 들어 알고 있고, 산 아래에 일본군이 사용했던 우물터가 지금도 있다.

영도등대는 부산 태종대공원에 있고, 울기 등대는 울산 슬도의 대왕암공원 내에 있다.

러일전쟁 시기 세워졌던 망루는 이후 철수되었지만, 그 자리에는 등대가 설치되었다. 군사거점이자 주요 항로의 길목이었기 때문이다. 1945년 해군 보고서에 따르면, 진해 방비대는 망루가 세워졌던 곳과 거의 같은 지점을 거점 지역으로 관리하고 있었고, 이 지점에는 방비위소(防備衛所) 또는 특설견장소(特設見張所)가 설치되었다. 방비위소는 가덕도 천수말, 가덕도 동두말, 울산 울기, 남해군 남면 항촌, 남해 호도, 거제도 양지암각, 여수 돌산 거마각에 두었다. 감시하거나 관측하기 위한 목적의 특별 초소인 특설견장소는 경북 울진 죽변, 포항 장기곶, 울릉도, 경남 거제도 망산각, 제주도 우도와 마라도, 거문도, 소흑산도 등

〈그림 1-28〉 포항 호미곶 등대
- 출처: 2022.11.20. 촬영

〈그림 1-29〉 울산 울기등대
- 출처: 2022.11.20. 촬영

한반도 남부 해역 8곳에 두었다.

진해만에 설치된 해군 망루와 등대는 동쪽으로 함경도의 해안지대에서 내려오는 군사정보, 서쪽으로 평안도, 황해도의 군사정보를 취합하고 군사명령을 하달하는 지휘체계로 운용되었다. 특히 해군 망루와 등대는 규슈의 해군을 통해 일본 대본영으로 연결되었다. 이는 진해만이 일본의 대외 군사정책 및 군사지휘체계에서 한반도 핵심 지역이었음을 보여주며, 일본이 구축한 군사체계가 일본과 한반도를 거쳐 중국과 러시아로 이어진다는 점에서 군사사적 의미를 확인할 수 있다.

제2장

대한해협에 구축한 일본의 군사기지

5
일본 해군이 건설한 진해 군항

진해 군항 건설과 신도시 탄생

　군사기지는 군사적 목적과 활용에 의해 역사적으로 전개되었지만, 그 결과는 군사적 범주에 한정되지 않는다. 진해만의 군항 건설은 기존에 작은 포구였던 진해가 남해안 거점 항만도시로 발전하는 결과를 가져왔다. 이런 건설 과정과 결과는 다양한 역사 흔적과 기억으로 남았다.

　진해는 한국 해군이 주둔하는 군항이자, 옛 일본 건물과 도시 형태가 그대로 남아 있어 과거에 와 있는 느낌이 들게 한다. 진해는 일본이 군항으로 결정한 이후 1911년부터 건설된 계획도시이다. 일본 해군의 요청에 따라 1912년 공공 기관으로 우체국이 건립되고, 그 앞 로터리를 중심으로 방사형 거리에 전형적인 일본식 가옥인 장옥(長屋)이 지어졌다.

　진해 군항 건설에서 도시 형성만큼이나 중요한 것이 식량을 공급해

〈그림 2-1〉 진해시가지 전경 그림엽서

- 출처: 한국저작권위원회

〈그림 2-2〉 진해우체국

- 출처: 2022.4.20. 촬영

〈그림 2-3〉 일본식 가옥

- 출처: 2022.4.20. 촬영

주는 마을을 형성하는 것이었다. 일본 해군성은 일본 군인에게 신선한 식재료를 공급하기 위해 일본의 마을을 진해에 이주시켜 행암마을을 형성하도록 했다. 행암마을 앞 해안으로 철도가 지나가고, 근처에는 육군과 해군의 하역장이 있었다.

진해가 군항으로 지정되기 이전 일본 해군 근거지는 송진포였다. 그런데 송진포는 대규모 군대가 영구적으로 주둔할 수 있는 곳이 아니었다. 따라서 러일전쟁이 끝나고 일본은 새로운 주둔지로 진해를 선정했다.

일본이 조선에 건설한 대표적인 해군기지는 두 곳인데, 한 곳은 군항으로 지정했던 진해이고, 또 다른 한 곳은 요항으로 지정했던 원산이다.

〈그림 2-4〉 행암마을 앞 철도가 놓인 해안가
- 출처: 2022.8.14. 촬영

〈그림 2-5〉 행암마을 회관
- 출처: 2022.8.14. 촬영

러일전쟁을 대비해서 진해와 원산에 육군이 요새를 건설하고 요새사령부를 배치하는 동안, 해군은 근거지를 설치하고 방비대를 편성했다. 일본 해군은 러일전쟁 이후에 진해와 원산을 해군의 영구 주둔지로 결정했다.

일본 해군성은 1909년 6월 '진해만시설조사위원'을 임명하여 진해 군항도시 건설 계획을 하달했다. 지침에 따르면, 진해 군항은 기본적으로 마이즈루(舞鶴) 군항 수준의 설비를 하고, 주로 함선을 넣어 건조할 수 있는 입거(入渠) 시설과 수리 시설을 갖추도록 했다. 임무 수행에 필요한 설비와 소요 예산을 조사하고, 진해만방비대를 이전하는 데 필요한 설계와 예산을 별도로 편성했다.

진해는 진수부가 주둔하는 군항으로 건설할 예정이었다. 군항의 역할은 전시와 평시로 구분된다. 전시에는 출정 함대의 근거지로 기능하지만, 평시에는 "① 각 진수부 소관 함정의 교육훈련을 위해 해상 연병장에 적합한 설비를 갖춘다. ② 공창은 함정의 수리에 주안점을 둔다. ③ 함정을 별도로 재적하지 않는다. ④ '한국' 주변 해역의 경비를 담당한다"라고 규정했다.

1913년, 군항 건설을 한참 논의하던 시기에 일본 해군 뇌물사건과 해군의 예산 감축 문제가 발생하면서 군항의 건설 규모는 크게 축소되었다. 결국 1916년 4월 일본 해군은 계획을 변경하여 오미나토(大湊), 뤼순(旅順) 수준의 요항부 설치를 결정했다.

진수부와 요항부에 대해서는 1889년 5월 29일 시행된 '진수부조례'에 따른다. '진수부조례' 2조에서 "진수부를 둔 항을 군항이라 하고, 해군이 수비하는 지역을 요항"이라고 규정했다. 진수부의 임무는 군항과 해군구를 수비하고 해군함대와 함선을 후방 지원하는 것이었다. 진수부에는 참모부, 군의부, 주계부, 조선부(造船部), 병기부, 건축부, 군법회의, 감옥서를 두었다. 이후 해병단과 수뢰대(水雷隊)를 설치하여 해군의 지방 근거지로 조직과 권한을 강화했다.

요항은 해군의 수비지를 지정한 것이다. 요항에 요항부를 두도록 하는데, 비교적 소규모의 지역 근거지 역할을 했다. 병력과 함정 등 필요한 군사력은 진수부에서 편성하고, 요항부는 진수부사령장관의 명을 받는다.

아시아태평양전쟁 직전인 1941년 11월 20일, 일본 해군은 진해요항부를 해제하고 진해경비부를 신설했다. 진해경비부의 가장 기본 임무는 주요 항구와 교통로를 확보하는 것이었고, 총 1만 3,120명을 배치했다. 해군항공대를 증설한 전투부대인 항공전대, 해병단을 창설하고, 인사부, 시설부, 요품창, 연합특별육전대, 보안대, 설영대 등을 신설했다. 설영대는 군사 시설물을 만드는 공병대 같은 역할을 하는 부대로, 조선에 대규모 해군기지 건설을 앞둔 상황에서 만든 부대이다.

〈그림 2-6〉 진해요항부 청사
- 출처: 한국저작권위원회

〈그림 2-7〉 해군 공제조합 병원
- 출처: 한국저작권위원회

〈그림 2-8〉 진해방비대 청사
- 출처: 한국저작권위원회

〈그림 2-9〉 진해방비대 병영문
- 출처: 한국저작권위원회

일제강점기 핵심 해군기지로 개발된 진해에는 많은 유적이 남아 있으며, 유적은 지금 우리에게 진해의 항만기지 역사를 말해 준다.

일본 해군으로 동원된 한국인

일제강점기 진해만의 항만기지 건설은 한국인에게도 아픈 역사의 기억으로 남아 있다. 어느 곳이든 군사기지 건설에는 많은 노동력이 필요하고, 징병·징용이란 아픈 기억을 남겼다. 그 기억의 시작은 한국인 동원이었다.

진해는 조선인이 해군으로 동원되기 전 훈련을 받은 곳이다. 조선인이 일본 해군으로 동원된 근거는 해군특별지원병제였다. 일본 해군성은 1943년 6월 3일 〈해군지원병 모집요강〉을 발표하고, 진해에 설치한 조선총독부 해군지원자훈련소에 10월 1일부터 1기생 입소를 진행했다. 처음부터 대규모 징병제를 시행하는 것은 일본에 큰 부담이었으므로 지원병 형태로 일부 시행하는 방향으로 결정했다. 육군이 1938년 육군특별지원병령을 시행한 것과 달리 해군은 1943년 해군특별지원병령을 실시했다. 1943년은 육군이 징병제를 시행을 결정한 때로, 해군의 특별지원병제는 징병제의 다른 이름이었다.

조선인 해군 동원과 가장 관련 깊은 부대는 해병단이었다. 해병단에서 일정 기간 훈련을 받고 대부분 중국이나 남태평양 등으로 배치되었다. 1943년 해병단에서 수병과 훈련을 받고 중국 난징의 수송부대로, 1944년 해병단에서 정비과 훈련을 받고 오키나와 항공대와 가고시마 항공대 특공대 정비부대로 동원되었던 사람들의 구술이 남아 있다.

 10월 15일 날이기 때문에 1943년, 43년 10월 15일, 43년, 해방되기 3년 전이었으니까. 출발하는 날 아침에 조반 먹고서는 면사무소가 바로 마을에 있으니깐. 거기서 결국에 하고, 그러고서는 그날 당장에 거시기 해갖고서, 그날 대전으로 해서 15일 날 당장에 진해 해병대에 도착을 했어요. 해병, 해병단이요, 해군기초병을 훈련하는 거시기는 진해 한 군데 뿐이여, 일본 해군을 양성하는 곳은 우리 한국서는 진해해병단 한 군데 뿐이여… 진해 인자 해병단에서 졸업을 갖다가 6개월 후에 졸업을 했는데, 발령이 어떻게 떨어졌느냐면은 남경지구 수경과로 떨어졌으니까 거그를 가야 하는데, 거그 가는 코스가, 기차 편도 없고 그러니 어딜 가냐, 여기에서 결국은 해군은, 해군 배를 타야만 가기 때문에...

_ 김재환(1925년생), 『갑자·을축생은 군인에 가야 한다』

해병단에 입소를 하는데 각 병과별로 막사가 달라요. 수병과, 정비과, 기관공작과, 위생과 전부다 병과 별로 노놔져요. 막사도 수병 따로 있고, 정비병 따로 있고. 그러니까 거기에서 러 수병은 말하자믄 바다에 밤낮으로 신고하고, 손으로 이래 하고. 포 연습 같은 거하고. 우리는 밤낮 비행기 항공기에 대해서 정비하는 기술 배왔지. 일본놈 대촌, 오무라 고쿠소(大村航空廠), 항공창에 진해공장 분공장이 있었어.

_ 선태수(1925년생), 『갑자·을축생은 군인에 가야 한다』

1945년에 이르면 항로가 폐쇄되고 선박도 부족해지면서 중국, 동남아시아와 남태평양으로 배치되었던 조선인 징병자는 이동이 어렵게 되었다. 한반도 남쪽 항로도 모두 미군의 공격으로 이용할 수 없었고, 유일한 항로는 동해뿐이었다. 게다가 일본군은 한반도를 전장화하기로 설정하고 방어할 병력을 급격히 늘리면서 조선인을 한반도에 배치하는 것으로 방침을 전환했다. 진해경비부의 주요 병력은 이미 남태평양과 동남아시아로 이동한 상황이어서 진해경비부의 작전 능력은 사실상 거의 없는 상태였다.

일본 해군 군항과 군용지 설정

1904년 2월 23일 일본은 대한제국과 한일의정서를 체결하면서 한반도에 군사기지를 건설할 명분을 얻었다. 한국임시파견대를 3월 11일 한국주차군으로 개편하고 광대한 토지를 군용지로 점령하며 통신기관도 군용으로 강제 접수했다. 이때 점거한 군용지에는 부대를 이동시키지 않고 병력을 유지했다.

일본은 러일전쟁이 끝난 뒤 영구 병영 건설을 계획했다. 1907년 8월 15일 제1차 러일협약 성립으로 일본이 남만주 이권과 조선에 대한 기득권을 인정받자, 관보를 통해 8월 21일 가덕도, 진해, 거제도, 통영 등을 포함하는 진해 군항 지정을 발표했다. 곧이어 일본 해군은 1907년 9월 30일 거제도 송진에 설치했던 해군 가근거지방비대를 진해방비대로 개

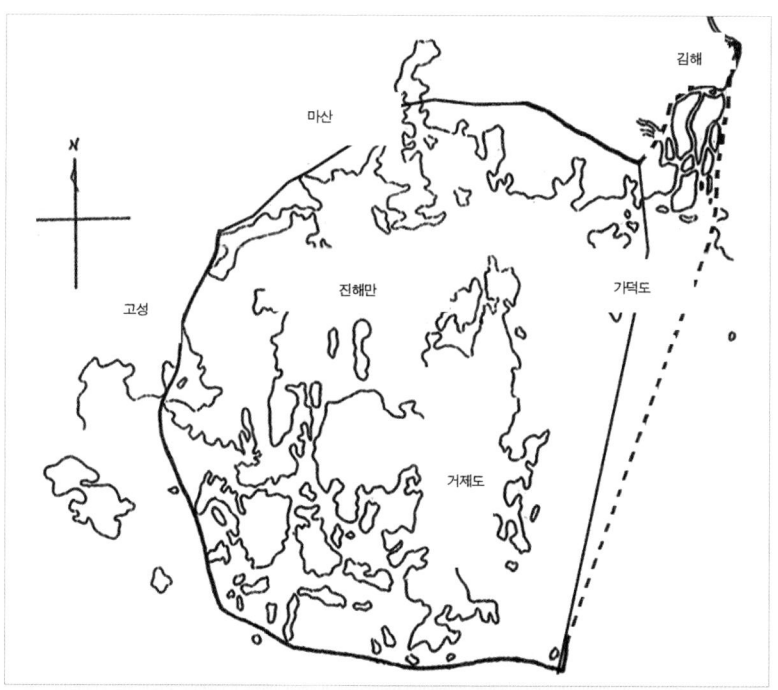

〈그림 2-10〉 1907년 진해군항 구역

- 출처: 조선총독부, 『官報』(號外) 「告示」, 1907년 12월 12일 자

칭하고, 사세보진수부에 편입해 진해만과 부근 일대의 방어를 맡도록 했다. 1910년 한일강제병합 이후 12월 26일 일본 내각총리대신과 해군대신의 재가를 받아 마산포와 낙동강 하구를 포함한 군항 구역을 지정하여 1911년 1월 1일 자로 시행했다.

군항 경계지에는 표석을 세웠다. 현재 남아 있는 표석을 보면 군항 경계를 확인할 수 있다. 가장 남쪽은 거제도 남부면 다포리로, 이곳 쌍근마을 뒷산에는 일본 해군과 관련한 표석이 있다. 한 면에는 대일본제국(大日本帝國), 다른 면에는 해군소할지(海軍所轄地)라고 각석되어 있다. 해군소할지는 해군 군용지를 이르는 것으로, 1907년 7월 여순진수부사령관이 해군성에 보고한 문서에 따르면, 해군 용지 측량을 하고 용지의 경계를 표시하는 '해군소할지 경계표'를 세운다는 내용이 있다. 일본 내에서도 해군 용지로 포함할 때 '해군소할지' 편입이라고 보고했다.

1910년 한일강제병합 이후 표석의 내용을 바꾸었다. 1911년 관보를 통해 진해군항을 공포한 후 해군성은 '진해군구경역표'라는 표석을 세웠다. 러일전쟁 전후 세웠던 '대일본제국의 해군' 관할 구역 표식을 해군성의 진해해군 관할이라는 표석으로 바꾼 것이다. 그뿐만 아니라 해군용지라는 알림석을 세워 주민의 출입을 금했다. 부산시 강서구 소재의 굴암산 자락에 '해군용지' 표석이 남아 있다.

6
진해요새사령부의 진해만 방어

한국주차군 헌병대의 마산항 통제

마산은 조창과 어시장을 중심으로 상업과 유통업이 발달했고, 일제강점기에는 양조업도 활발했다. 일본은 부산항을 건설하기 선 마산항 축조를 서둘렀다. 마산항을 통해 조선으로 병력과 물자를 이동하고, 군사력을 배치했다. 마산에 일본군이 영구 주둔하기 시작한 것은 1904년부터였다. 일본은 1904년 마산포헌병분견소를 설치하고 헌병을 배치하여 러일전쟁과 관련한 임무를 수행하는 한편, 의병운동 탄압에도 주요한 활동을 했다. 현재 헌병대 건물은 창원시에서 '구 마산헌병분견대전시관'으로 개관했다.

한편 1907년 파견된 한국주차군은 1909년 일본의 부대로 돌아가야 했다. 그런데 을사의병, 을미의병, 정미의병으로 이어지는 의병전쟁에서 일본군은 헌병대 활동이 군의 공백을 보완할 수 있는 무력이라고 결

〈그림 2-11〉 구 마산헌병분견대 전시관 입구
- 출처: 2021.2.7. 촬영

〈그림 2-12〉 구 마산헌병분견대 건물
- 출처: 2021.2.7. 촬영

〈그림 2-13〉 구 마산헌병분견대 전시관 내부
- 출처: 2021.2.7. 촬영

〈그림 2-14〉 구 마산헌병분견대 부속 건물
- 출처: 2021.2.7. 촬영

론 짓고, 조선과 각 지역을 잘 알고 있는 헌병대로 무력 통제하는 것이 군대보다 더 효율적이라고 판단했다. 이에 일본군은 조선인 헌병보조원을 선발하여 헌병을 중심으로 지역을 통제하는 체계를 구상했다.

1910년 한국에서 식민지 통치를 주도한 헌병경찰 조직은 일본인 순사 1,708인, 한국인 순사 3,325인, 헌병 2,500인, 헌병 보조원 4,719인으로 이루어져 있었다. 이들은 경찰 업무 이상의 모든 행정사무에 관여했다. 권력의 정점은 총독이었으며, 총독 아래 경무총감부와 헌병대사령부를 두었다. 다만 경무총감부는 헌병사령관이 겸임하였으므로, 결국 헌병과 경찰 사이에 뚜렷한 구분은 없었다. 이들 중 헌병대사령부 하위 조직으로 각 도에 헌병좌관급이 통솔하는 헌병대본부를 설치했다. 헌병대본부는 다시 헌병분대, 헌병파견대, 헌병분견대의 하위 조직을 파견하여 더 깊숙한 지역사회까지 통제했다. 각지 헌병대 건물 중 현재까지 유일하게 보존된 곳이 바로 마산헌병분견대이다.

마산헌병분견대는 1909년 12월 2일 현 소재지에 들어왔으며, 분견대 건물은 1926년에 축조했다. 1945년 광복 후에는 군 정보기관인 보안사령부의 마산파견대가 '해양공사'라는 이름으로 이 건물에서 민간인 사찰활동을 했다. 1990년 보안사령부 폐지 이후 기무사 출신 퇴역 군인들의 친목 단체 '충호회 경남지부'와 보훈 자녀 단체에서 사용하기도 했다. 2005년 등록문화재 제198호로 지정을 신청한 창원시는 2019년 구 마산헌변분견대전시관으로 개관했다.

가덕도에서 마산으로 이동한 진해만요새사령부

군사기지의 건설과 운용은 국제 정세와 전황에 따라 변화한다. 한 곳에 건설된 군사기지가 군사 상황에 따라 다른 지역으로 옮겨갈 수 있으며, 확장·축소되는 경우가 비일비재하다. 청일전쟁 이후 일세가 군사 강점하면서 이러한 변화 양상은 일본이 구축하고자 했던 군사정책을 보여준다.

러일전쟁 시기 일본 해군은 거제도에 군사기지를, 육군은 가덕도와 원산에 요새를 건설했다. 일본 육군은 1904년 8월 제3임시축성단을 진해만의 가덕도와 저도에 파견하여 4개월 만에 병영을 완성했다. 외양포에 축성한 요새는 해안 요새로, 군항, 요항, 해군 근거지, 연안 도시, 교통 요지, 해협, 중요 항만 등 국방상 중요한 지역에 건설하는 군 주둔지의 한 형태였다.

일본군은 가덕도에 요새와 막사 등이 완료되자 즉시 11월 27일 진해만요새포병대대 편성을 명령했다. 1905년 4월 일본 육군은 유수 제4사단에서 진해만요새사령부를 편성하고 5월 7일 외양포에 배치하여 한국주차군사령관의 예하로 편성했다. 그러나 방비에 관해서는 진해만 전시지휘관 해군소장의 지휘를 받았다. 요새사령부 예하에는 요새병원도 편성했다. 1906년 4월 1일부터 진해만사령부는 평시편제로 이행했다.

평시편제로 전환된 진해만요새 포병대는 의병 탄압에 출동했다. 1907년 7월 25일 한국주차군사령관의 명령에 따라 진해만요새 포병대 대장은 다음과 같이 병력을 파견했다. 1907년 8월 1일 일본이 대한제국 군대를 해산시키자 해산된 각지의 군인들은 의병전쟁에 참가했다. 이른바 정미의병이다.

〈표 2-1〉 1907년 진해만요새 포병대 파견 현황

병력	배치 지역	배치일	철수일
장교 이하 70명	마산포	1907년 7월 25일	1907년 11월 18일
장교 이하 52명	통영	1907년 7월 27일	1907년 9월 13일
장교 이하 12명	웅천	1907년 7월 28일	1907년 7월 31일
장교 이하 28명	진주	1907년 8월 24일	1907년 11월 2일
장교 이하 55명	진주	1907년 10월 9일	1907년 11월 2일
장교 이하 5명	부산	1907년 9월 6일	1907년 9월 24일

러시아 해군의 위협이 없어지자 가장 중요한 것은 해군기지를 방어하는 것이고, 다음으로 마산항이 있는 진해만 내를 방어할 필요도 있었다. 1909년 7월 31일 마산포에 신축 병영을 준공하고, 8월 30일 진해만요새사령부와 중포병대대가 이전했다. 진해만요새사령부와 포병대

〈그림 2-15〉 마산요새사령부 관사
- 출처: 한국저작권위원회

〈그림 2-16〉 1920년대 진해요새사령부
- 출처: 한국저작권위원회

〈그림 2-17〉 진해요새사령부 건물
- 출처: 2023.12.1. 촬영

〈그림 2-18〉 진해만요새사령부 건물 내부
- 출처: 2023.12.1. 촬영

대 본부가 있었던 곳은 마산 월영동이었다. 이곳은 개항이 되면서 외국인이 거주하는 조계지가 설치된 곳으로 당시 창원군 외서면 신월리, 월영리 두 곳 해안 약 13만 평이 외국인 거류지였다. 조계지로 확정되자 1899년 6월 2일 미·영·프·독·러·일 공사들이 공동 조계 획정을 내용으로 하는 조계장정을 조인했다.

러시아는 적극적으로 마산포 매입을 시작했다. 증기선인 군함의 석탄 보급을 위한 저탄소를 세우고, 부두도 건설할 계획이었다. 그 외 제빵소와 목욕탕 등도 만든다는 계획이었다. 그러나 러시아는 1903년 1월 마산포에서 완전히 철수했고, 러일전쟁 이후 러시아 조차지는 방치되어 있었다. 일본은 러시아와 협의하여 각국 공동 조계지 내에 있는 러시아의 토지와 조차지를 일본이 일괄 매수하는 것으로 결정했다. 이때 마산포의 러시아 조계지도 일본이 가져갔다. 이곳에 일본은 포병대대 본부와 진해만요새사령부 건물을 세워 군용지로 사용했다.

진해에 군항과 해군기지 건설이 일단락되던 시기 진해면 좌천리에 신축한 요새사령부 청사도 준공되어 1913년 12월 19일 진해만요새사령부는 마산에서 진해로 이전했다. 종래 중포병대대장이 겸무했던 편제도 개편하여 진해만요새사령부를 신설했다.

마산에 설치한 마산중포병연대 본부

전쟁이 끝나면 군대는 평시 체계로 전환한다. 러일전쟁으로 최대 병력을 운용했던 체계는 일부 축소와 재편을 거쳤다. 러일전쟁 이후 가덕도와 원산에 배치되었던 일본군 포병대대는 연대로 축소하고, 유라와 시모노세키 요새포병연대로 복귀했다. 1906년 4월 1일 자로 평시 편제로 이행하며, 진해만요새포병대장이 요새사령관을 겸무했다. 이듬해인 1907년 2월 5일, 대대본부 편제를 유지하여 진해만요새사령부를 상설 부대로 하고, 중대를 구성하는 병력은 일본의 중포병대에서 파견하는 것으로 했다.

1907년 이후 조선에서는 의병운동이 각지에서 일어났다. 일본군 제12여단이 경성 이남, 제13사단이 경성 이북의 수비를 맡아 의병 탄압을 시작했다. 요새포병대에서 중포병대로 개칭한 중포병연대도 7~11월 진해만 주변 지역인 마산포, 통영, 웅천, 진주, 부산으로 의병 탄압을 위해 부대를 파견했다.

1909년 7월 31일 마산포에 신축 병사가 완공되자 8월 30일 진해만요새사령부와 중포병대대는 가덕도에서 이전했다. 가덕도의 요새사령부가 진해만으로 이전한 것은 가덕도에서 훈련 등의 병영 생활을 하는 게 불편한 것이 가장 큰 이유였고, 다른 하나는 해군이 거제도 송진포 가근거지에서 진해 병영으로 이전하면서 진해에 대한 육상 방비가 필요했기 때문이다.

진해만요새포병대대는 1906년 4월 진해만요새포병대, 1907년 2월 진해만요새포병대대, 1907년 10월 진해만중포병대대, 1920년 12월 마산중포병대대, 1936년 6월 마산중포병연대, 1941년 7월 진해만요새중포병연대, 1942년 7월 부산요새중포병연대와 8월 마산중포병연대보충대로 재편했다.

마산 월영동에 자리 잡은 마산중포병연대는 진해만 일대를 방어하는 임무를 맡았지만, 1924년 부산에 포대 건설 후 부산으로도 병력을 파견

〈그림 2-19〉 마산중포병대대 병영 배치도
- 출처: 조선군경리부, 1923,
『조선사단영사건축사 1915~1922』

〈그림 2-20〉 마산중포병대대 전경
- 출처: e뮤지엄 국립민속박물관

〈그림 2-21〉 마산중포병대대 병영 전경
- 출처: 한국저작권위원회

〈그림 2-22〉 마산중포병대대 연습포
- 출처: e뮤지엄 국립민속박물관

〈그림 2-23〉 마산중포병대대 정문 앞 다리
- 출처: 2021.1.31. 촬영

했다. 진해만보다 부산항 방어가 더 시급해지자 1941년 부산으로 중포병연대 본부도 이전했다.

마산중포병대대는 진해 방향으로 포대를 만들고 병력을 배치했다. 이곳은 포가 있었다고 하여 행정명이 가포동이 되었다고 한다. 마산중포병연대 병영지, 언덕 위의 포대에는 현재 대단지 아파트가 들어서 있다. 해안을 따라 10여 개의 해안동굴이 있었다고 전해지는데, 모두 사라지고 현재는 한 곳만 남아 식당으로 운영되고 있다. 80m 길이의 동굴은 'ㄱ' 자형으로 출구가 두 곳이다. 가포동 옆 월영동에도 일본군 관련 시설이 남아 있는데, 2014년 월영아파트단지가 들어선 곳을 현지 조사한 바에 따르면 야산에 동굴이 존재했다.

7

제1차 세계대전 이후
조선해협요새사령부 설치 계획

조선 남해안의 요새 구축 전략

군사기지는 국제 정세와 전황에 따라 국방 정책이 변하면서 다양한 변화 양상을 보여준다. 일본군은 필요성에 따라 육군과 해군의 군사기지를 혼용하여 운용했다. 일본 해군이 진해에 군항을 건설하는 것과 동시에 일본 육군도 "대륙으로 확장하는 제국의 국토를 보호하고 이권을 확보하며, 대륙으로 향하는 작전을 쉽게 할 목적으로 한국 남해에 견고한 육해군의 근거지"를 마련하고자 했다.

1909년 12월 21일 참모본부 제1부는 「요새정리방침안」을 작성하여 이것을 뒷받침하는 정책을 제시했다. 일본군이 대륙으로 나아가기 위해 진해만과 부산-쓰시마-사세보를 잇는 해안의 방비를 확실히 하고, 만주와 중국 북부로 향하기 위해 뤼순과 다롄을 방비해야 한다는 내용이었다. 또 대한해협과 쓰가루(津輕)해협을 방비하여 조선 동쪽 해안의 제해권을 장악해야 한다는 결정이었다.

이 안은 요새정리심사위원회의 심사를 거쳐, 1912년 8월 1일 참모총장과 육군대신에게 제출되었다. 이 중 진해만요새는 전략상 중요한 곳에 가능한 한 넓게 해상을 방어할 수 있는 포를 갖추는 데 중점을 두었다. 특히 부산지구는 일본과 조선 항로상 중요한 항만이므로, 부산요새 신설을 계획했다. 부산항 초입인 구로사키(黑崎)와 절영도에 포 배치를 계획했으나 1919년과 1924년 수정하여 장자등과 영도에 포를 배치했다. 앞의 요새 구축이 부산항만을 방어하는 체계였다면, 수정된 요새 계획은 부산항뿐 아니라 대한해협을 방어하는 체계를 갖춘 것이다.

일본은 1912년 계획했던 요새 정리사업을 1919년 재검토했다. 1918년 제1차 세계대전이 끝나고 그사이 일본의 국제적 위치와 군사적 상황이 달라졌기 때문이다. 일본은 "일시적 혹은 영구히 국가의 권력이 파악한 모든 자원과 기능을 전쟁 수행에서 가장 유효하게 이용하기 위해 통제, 안배하는" 총력전체제를 도입하려고 했다. 국민 동원, 산업 동원, 교통 동원, 재정 동원, 정신 동원 등 모든 것을 동원하는 체제이다.

일본은 1915년부터 총동원체제 준비를 시작했다. 1919년, 일본 육군의 주도로 국가총동원법의 효시인 군수공업동원법을 제정했다. "자원을 중국 대륙에서 일본으로 수송할 때, 전시에 적국 잠수함 등으로 인해 안전 확보가 어려우므로 조선을 경유하는 육로에 주목"해야 한다며 대한해협에 큰 함대를 배치하고 요새를 구축하여 방어망을 설비하기로 했다. 이때는 항공에 대한 준비는 고려 대상이 되지 않았다.

일본 육군은 1919년 요새 정리사업을 시작하고, 조선해협요새계(朝鮮海峽要塞係)를 지정하여 조선해협요새사령부를 설치하는 것을 검토했다. 쓰시마, 이키(壹岐), 시모노세키 요새와 더불어 조선해협요새계를 추가하여 일본과 조선의 연락 거점을 형성하는 게 목적이었다. 이때 새로이 부산지구 방비를 포함했다. 1924년 10월 장자등포대의 건설에 착수하고, 순차적으로 요새를 정리하여 방비를 강화했다. 국제 정세의 변화, 일본 내의 정치 경제적 문제, 군사적 상황으로 계획보다 늦어진 1939년 8월 공사를 종료했다.

일본 육군 군용지로 진해만요새지 설정

요새를 지휘하는 요새사령부는 1895년 3월 30일 칙령 제39호로 결정된 「요새사령부조례」에 따라 편성되었다. 「요새사령부조례」에 의하면, 요새는 영구 방어시설로 분류되고, 규모에 따라 3등급으로 나누어 요새마다 하나의 사령부를 설치한다. 평시에 요새사령부는 요새를 방어할 계획, 방어용 재료건축물과 병기 등 군수품을 정비하며, 지방관과 협의를 통해 전쟁에 대비한 군대 숙영 급여 및 수민 공공의 보안에 관한 방안을 계획한다. 이러한 업무는 매년 4월 육군 참모총장과 해군 군령부장에게 보고한다. 또한 요새사령부는 평시에는 행정기관의 기능을 하지만, 전시(戰時) 혹은 전비(戰備) 명령이 내려지면 요새 내의 부대를 지휘했다.

일본군에서 요새지대로 설정하면 그 지역은 군사구역이 된다. 군의 관리체계 속에서 통제와 제한을 시작하고, 지역의 중요한 사항에 대한 결정권은 요새사령관 혹은 육군대신에게 있었다. 군사기밀을 보호한다는 명분으로 군인을 대상으로 군기보호법을 적용하고, 일반인을 대상으로 요새지대법을 시행한다.

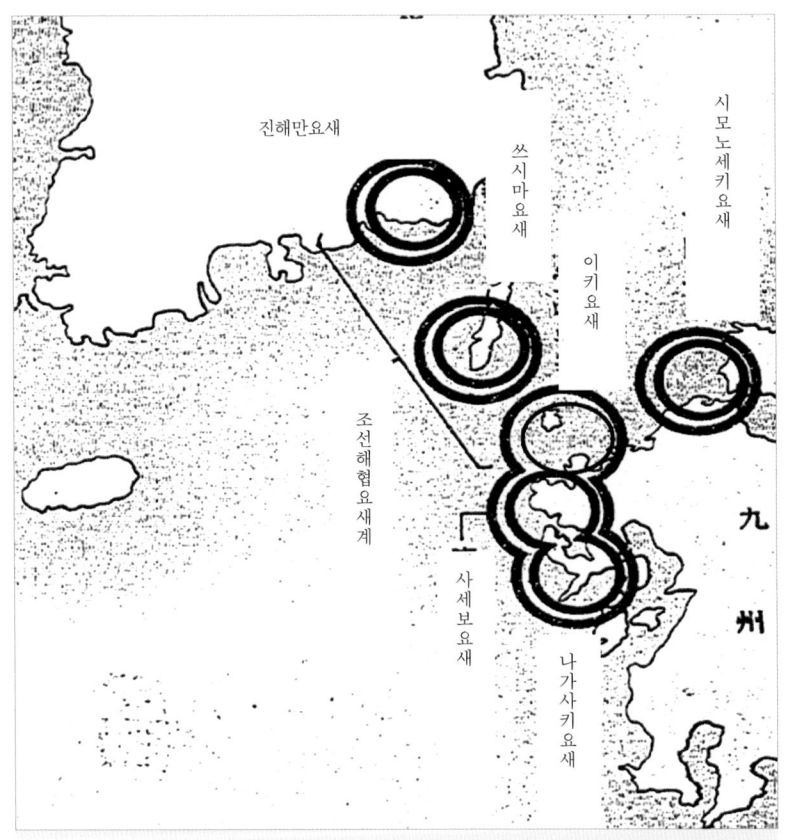

〈그림 2-24〉 조선해협요새계 배치도
　　- 출처: 參謀本部, 1921, 「要塞整理の件」, 『大正10年「軍事機密大日記3/5」』(JACAR Ref. C02030098200).

일본은 1898년 「요새지대법」을 제정 공포했다. 본문 제1조~제29조, 부칙 제30조~제31조로 구성된 이 법률은 "군항규칙과 요항규칙의 효력을 방해하지 않는다"라고 명시했다. 제3조에 따르면, "요새지대는 육지와 해면에 관계없이 3구역으로 나누어 각 구역" 표식을 위해 표석, 표목, 표찰을 세우도록 했다. 단 육군 방어조영물지대와 해군 방어조영물지대가 겹치거나, 혹은 육군용지가 군항 요항 또는 해군용지와 관련된 경우 육군대신과 해군대신이 협의하여 정하고 관련 부서에 고시하도록 했다. "요새지대의 범위는 방어조영물의 각 돌출부를 연결한 선을 기준으로 그 선에서 밖으로 일정 거리 이내"라고 명시했다.

제1구역은 중심지에서 250간(間, 약 0.45km) 이내를 이른다. 제2구역은 중심지에서 750간(間, 약 1.36km) 이내로 어로, 정박, 건조물 신설이 금지되었다. 제3구역은 중심지에서 2,250간(間, 약 4km) 이내로 시찰을 위한 출입, 지표의 높이 변경 공사가 금지되었다. 이 외에도 제1구역과 제2구역은 고도 제한을 적용하고, 건물과 건물 사이에 석탄류나 신탄과 목재를 일정 이상 높이로 쌓아두지 못하게 했다. 제방, 운하, 도로, 교량, 철도, 터널, 영구 잔교 등을 신설 혹은 변경할 때도 육군대신의 허가를 받아야 했다. 제2구역 내에서는 어로, 정박, 건조물 신설 등이 금지되고, 제3구역 내에서는 시찰을 위한 출입, 지표의 높이 변경 공사가 금지되었다.

1915년 6월 19일, 요새지대법을 일부 개정했다. 요새사령관의 허가사항, 요새구역 범위, 처벌에 관한 개정이었다. 첫째는 요새사령관의 허가사항이다. 요새사령관의 허가를 받지 않으면 요새지대 내 수륙의 형상을 측량, 촬영, 모사, 녹취하거나 요새지대 내 항공기 비행을 할 수 없도록 했다. 특히 항공기 비행은 요새사령관이 육군대신에게 요청하여 허가를 받도록 했다. 둘째는 요새구역 범위이다. 요새지대 제3구역 밖 3,500간(間, 약 6.3km) 이내 구역에도 여러 제한이 적용되었다. 셋째는 처벌에 관한 것으로, 법령 위반 시 1년 이하의 징역형 선고를 명시하여 처벌을 강화했다.

〈그림 2-25〉'진해요항부 허가제(許可濟)'가 찍힌 진해시가지 엽서

- 출처: 한국저작권위원회

1924년, 부산에도 요새지대법이 적용되었다. 조선총독부는 1924년 7월 '진해만요새지'로 부산항과 진해만을 설정했다. 요새지대 내에서 어로, 정박, 토사 채취, 창고 신설, 염전, 과수원, 경작지 등을 금지하거나 제한했다. 이로 인해 생활 터전을 잃게 되는 주민이 생겨났지만, 요새지대 내의 생활 터전을 쉽게 포기할 수 없었다. 한편으로는 많은 사람이 요새지에 대해서 제대로 알지 못하거나, 인식하지 못하는 상황이 발생하여 요새법 위반 사례가 자주 있었다.

대한해협을 중심으로 편재된 해안요새

전쟁은 목표로 설정한 국가 이익을 달성하기 위한 종합적인 국가의 정치 행위로 병력과 무기에 의한 전투뿐만 아니라 병력 조달, 군량 조

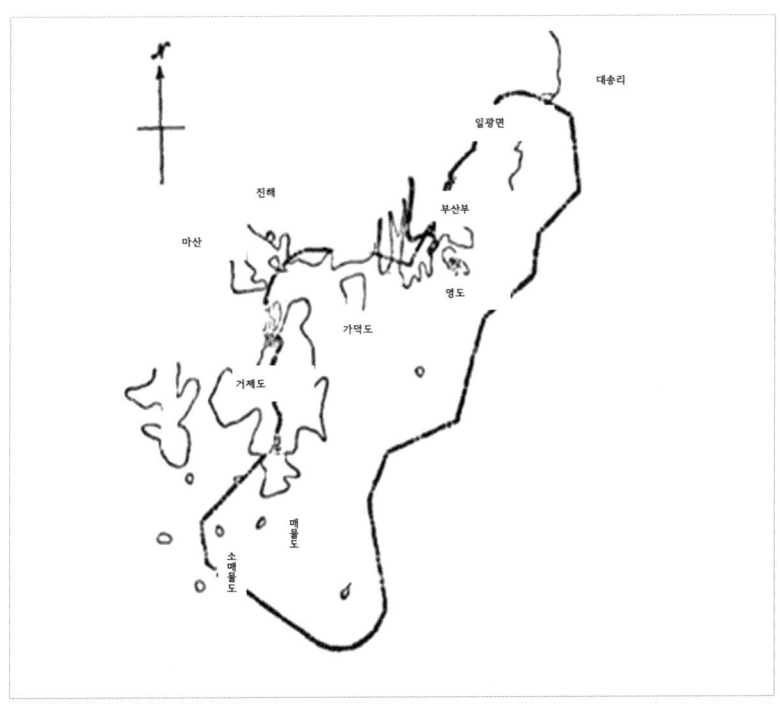

〈그림 2_26〉 1937년 진해만 요새지

- 출처: 조선총독부, 「告示」, 『官報』(제3242호), 1937년 11월 4일 자

달, 군사 외교, 점령 정책, 무기 조달, 군사 정보 등 방대한 분야에서 전개된다. 우수한 무기체계, 현대화된 통신·수송체계에 기반한 현대 전쟁과 달리, 일제강점기 전쟁은 전근대와 근대 전쟁의 성격이 혼합된 형태로 전개되었다. 그 대표적인 분야가 통신·수송체계에 기반한 병력 수송과 군량 조달이다.

중일전쟁으로 일본과 대륙 간 수송이 시급할 뿐 아니라 급증한 수송량을 감당할 수 있어야 했다. 일본은 중일전쟁 이전에 이미 조선 남해안

〈그림 2-27〉 진해만 요새지 내의 포대 현황(1942)
- 출처: 陸軍築城部本部 編, 1943, 『現代本邦築城史 第二部 第十一卷: 釜山要塞築城史』

부산, 마산, 삼천포, 여수의 항만을 증축하고 철도 복선화를 강력히 추진하여 수송력을 높인다는 계획을 세웠다.

1937년 10월 30일 진해만요새지를 〈그림 2-26〉과 같이 재설정했다. 1937년 11월 요새 지역의 확장은 일본의 수송력 증강과 관련한 것이었다. 중일전쟁 직후 일본군의 개편에 따른 것으로, 제1지역인 진해만과 제2지역인 부산만을 합쳐 요새지대를 확장했다. 기장과 지심도 포대를 신설하고, 다른 포대는 강화하는 것으로 결정하여 군사 지역을 확대했다.

1937년 요새 계획은 저도와 장승포요새는 폐쇄하고, 부산항 방어를 위해 장자등·기장·영도에 포대를 보강·신축하며, 영도·신선대·사병산 등에는 조공등을 설치하여 비행기, 잠수함, 함대의 공격을 대비하고자 했다. 1945년 당시 1천여 명의 병력이 대한해협을 방어하는 요새에 배치되어 있었다.

〈표 2-2〉 1945년 요새 현황

포대명	병력	인원수	포문수
장자등	제1중대	226	2+4
	제2중대	174	4+4
	제3중대	124	4
절영도	제4중대	124	4
외양포	제5중대	174	6+4
지심도	제6중대	174	4
		996	36

출처: 朝鮮所在重砲兵聯隊史編纂委員会, 1999, 『重砲兵聯隊史-馬山·永興灣·羅津·麗水』, 千創(東京)

8
워싱턴 군축회의와 지심도, 장자등 포대 신축

쓰시마요새와 대한해협 방어를 위해 건설한 장자등 포대

제1차 세계대전 이후 1921~1922년 워싱턴군축회의에서 해군 군비 축소와 태평양 및 극동 문제에 관한 회의가 열렸다. 회의 결과에 따라 일본은 전함의 총톤수가 제한되었다. 이에 기존 함포 중심 해양 방어체계를 개편하는 과정에서 요새 신설을 적극 추진했다.

1923년 「요새재정리요령」을 지침으로 1928년 장자등포대, 1932년 장승포포대 건설을 계획했다. 장승포포대는 계획이 몇 차례 수정되었다가 1937년 계획에서는 아예 설치 계획이 삭제되었다. 현재 장승포포대가 있었던 양지암에는 콘크리트로 건설된 포대 시설이 남아 있어, 공사를 시작했으나 중단된 것으로 추정한다.

장자등포대는 대한해협 방어체계에서 가장 중요하고 큰 규모의 포대였다. 1포대는 1924년, 2포대는 1934년, 3포대는 1939년 구축을 시작했다. 장자등 제1포대 구축을 위해 일본군은 부산에 1922년 9월 축성부본부 임시파출소를 세웠다. 다음 해 1923년 4월 축성부진해만지부를 편성하여 1년 반 동안 토지 매수 등 모든 정비, 측량, 설계를 진행했다. 1924년 10월부터 포대 건설공사에 착수하여 부산항구 동쪽 해발 40m 위치에 사정거리 30km의 40cm(16인치) 포를 탑입한 거대한 포대로 1930년 10월 장자등포대를 준공했다. 부산남구민속회에서 간행한『남구의 민족과 문화』(2001)에 수록된 전중희(1931년생)의 증언에 따르면, 장자등포대는 일본군이 산의 흙을 전부 걷어낸 뒤, 시멘트로 전체 진지 건물을 견고하게 세우고 다시 흙을 덮고 나무를 심어 위장했다고 한다.

부산을 마주하는 쓰시마에도 같은 시기 쓰시마요새사령부가 설치되어 있었다. 장자등포대와 함께 대한해협을 방어하는 도요(豊)포대의 40cm 포는 전함에서 가져온 것이었다. 워싱턴 군축회의 결과 전함을 일부 폐선하고, 폐선된 전함에서 포를 떼 육상에 설치한 것이다.

장자등 2포대를 건설하기 시작한 1934년은 일본의 군사전략 대전환기였다. 1932년 일본은 만주국을 세우고, 이를 비판하는 국제 여론을 외면하며 다음 해 1933년 국제연맹을 탈퇴했다. 군사 재정비에 들어가면서 장자등포대를 포함한 진해만요새도 재정리에 들어갔다. 1934년 3월 13일 결정된「요새건설 재수정계획 요령」에서 진해만요새의 저도포대는 장승포 포대가 완료되면서 폐지하고, 외양포포대와 저도포대는 예비용으로 남겨두기로 했다.

장자등 3포대를 구축하기 전, 1937년 10월 30일 육군성과 해군성은 고시 제8호를 통해 진해만요새 제1지구와 제2지구를 합쳐 기존의 요새 지역을 더욱 강화했다. 1937년 중일전쟁을 전후해서 부산항을 통한 물

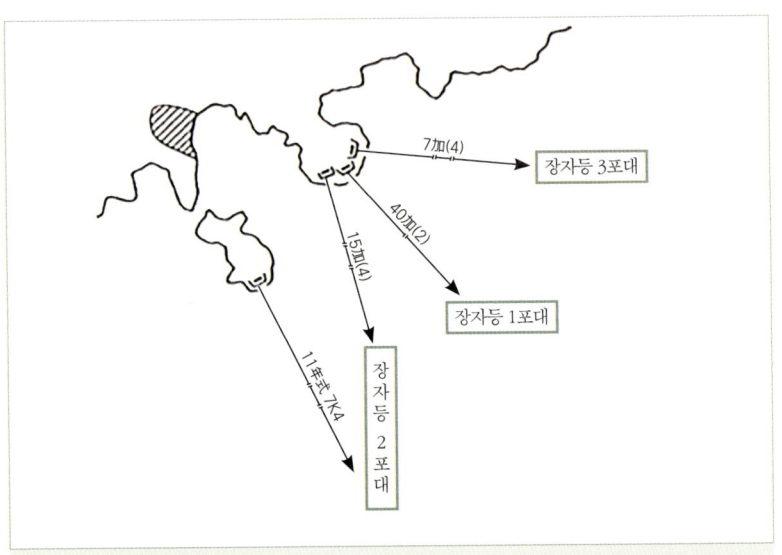

〈그림 2-28〉 장자등포대 배치도(1941)
- 출처: 朝鮮所在重砲兵聯隊史編纂委員会, 1999, 『重砲兵聯隊史-馬山·永興灣·羅津·麗水』, 千創(東京), 98쪽.

〈그림 2-29〉 장자등포대 입구
- 출처: 2022.11.7. 촬영

〈그림 2-30〉 장자등포대 시설물
- 출처: 2022.11.7. 촬영

자, 병력 수송이 급증했고, 그만큼 부산항의 중요성이 커졌다. 일본군은 부산항 동쪽을 방어한 장자등포대와 함께 서쪽을 방어하는 영도포대도 1939년 건설을 시작했다.

장자등 1포대는 부산시 남구청에서 관리하는데 안전을 위해 출입구를 막아놓았다. 2포대는 대규모 아파트 단지가 들어서면서 소실되었고, 3포대도 흔적을 찾을 수 없다. 해군작전사령부 소속 부대에 탄약고가 있어 형태를 유지하고 있다. 현재는 주민에게 산책로로 개방해 출입이 자유롭다.

부산항 방어 강화를 위해 영도포대 건설

영도포대는 부산항 방비 강화를 위해 1938년 12월 준공했다. 영도에

〈그림 2-31〉 태종사 법당
- 출처: 2022.5.30. 촬영

〈그림 2-32〉 영도포대 시설물
- 출처: 2022.5.30. 촬영

〈그림 2-33〉 산 중턱의 시설물
- 출처: 2022.5.30. 촬영

〈그림 2-34〉 산 중턱의 포대
- 출처: 2022.5.30. 촬영

배치되었을 일본군의 흔적이 가장 잘 남아 있는 곳은 태종사라는 사찰이다. 태종사는 1945년 이후 지어졌는데, 본래 있었던 시설물을 활용하여 법당을 짓고 평평하게 닦여 있는 평지 위에 사찰 건물을 세웠다.

태종사에서 반대편으로 큰길을 건너 계곡 아래로 내려가면 30평 정도의 콘크리트 시설물이 남아 있다. 산책로를 벗어나 작은 개울을 건너면 가로 3m, 세로 4m 정도 크기의 입구가 벽돌로 단단히 막힌 시설물이 하나 있다. 포대와 관련한 시설물로 추정한다.

동백꽃 섬, 지심도의 일본군 요새

지심도는 일본의 해양 방어체계에 속해 있지 않았으나, 1930년대에 요새 신설이 논의되었다. 1930년 「요새재정리요령 수정안」에 따르면, 지심도포대는 1936년 7월 기공, 1938년 1월 준공하기로 되어 있었다.

그런데 일본이 1931년에 만주사변을 일으키고 1932년에 만주국을 세우자, 일본과 러시아의 군사 관계에 긴장이 감돌았다. 만주국과 소련 국경에 일본과 러시아는 군사기지를 집중적으로 건설하기 시작했다. 러시아는 1932년부터 극동해군 재건을 시작으로 블라디보스토크 군항을 개설하고, 시베리아철도 복선화 공사를 시작했다. 일본은 관동군 세력을 강화하며 만주에서 경제개발계획을 시행했다. 이때 일본과 대륙을 연결하는 교통로가 철저히 확보되어야 한다는 입장에서 1936년 9월 「요새재정리재수정계획 요령」을 재가하여 지심도요새, 영도요새, 기장요새 시설을 계획했다. 기존 요새는 강화하는 방향으로 결정했다.

지심도요새가 구축되는 한편, 거제도 능포동 양지암에 있던 장승포포대는 폐쇄했다. 저도는 진해만으로 들어가는 입구를 방어하고자 구

〈그림 2-35〉 지심도 포대
- 출처: 2022.11.7. 촬영

〈그림 2-36〉 전등소 소장 사택
- 출처: 2022.11.7. 촬영

축했던 포대로, 대한해협과 남해안의 항로 방어가 중요해진 시기에는 적합하지 않았다. 대한해협 방어, 진해만 입구 방어, 남해안 항로 보호까지 모든 역할을 할 수 있는 지심도에 포병대를 배치했다.

해방 후 지심도는 진해 해군 소유로 관리가 전환되었고, 최근까지 국방과학연구소가 있었다. 지금은 거제시에서 관리하며 일반 시민에게 개방하여 지역 문화 자산으로 활용할 계획을 세우고 있다.

마산중포병연대에 배치되었던 일본 군인의 회고

나의 군대생활(私の軍隊生活)

다니모토 미쓰오(谷本光生)

나는 1936년 12월 현역병으로 마산중포병연대에 입영하여 1939년 3월에 제대했다. 초년병교육의 소회는 다음과 같다.

- 내무반
  내부반은 16명이 들어가는 방으로 같은 크기의 2개 실이 있다. (중략)

- 교육 훈련

    먼저 기본교련은 부동자세, 경계, 행진 등이 있다. (중략) 특별병을 선정하여 24류탄포, 15캐논포, 7~10고사포의 조작법을 훈련받는다. (중략)

- 특별병

    입대하여 3개월 기본 훈련을 마치면 연대장이 제1기 검열을 연병장에서 한다. 이것을 종료함과 동시에 특별병이 발표된다. (중략)

- 야포 사격 연습

    마산 연대에서 30km 떨어진 경상남도 창녕에 있는 육군연습장을 사용한다. (중략)

- 28류탄포 사격 연습

    진해만 입구의 저도에 28m 6문이 있다. 매년 1회 실탄 사격을 실시한다. (중략)

- 40캐논포 사격 연습

    부산항의 동쪽 아카사키(赤崎)반도 장자등에 40캐논 포대가 있다. 포대는 해안절벽 푸른 소나무와 잡목이 무성한 곳에 콘크리트의 수로 통로가 미로같이 길게 돌아간다. 곳곳에 감시소와 관측소가 있다. 위 포대에 구경 40cm 포신이 수평으로 갖추어져 있다. 포신 하부에는 지하실이 있는데, 사람 키만큼 탄환이 저장되어 있다. 탄환을 수레로 올려 포신 아래까지 운반하고 탄환은 엘리베이터로 올려서 장전한다. 발사 순간에는 몇 미터나 되는 화염이 화구에서 나온다. 발사 후 포신은 수평으로 돌아오고, 탄압 공기를 보내서 포신 안을 청소한다. 포신의 기부(基部)를 청소할 때는 사람이 안으로 들어가서 할 정도로 컸다. (생략)

- 출처: 朝鮮所在重砲兵聯隊史編纂委員会, 1999, 『重砲兵聯隊史-馬山·永興灣·羅津·麗水』, 千劍(東京), 114~118쪽.

영도포대에 배치되었던 일본 군인의 회고

부산요새의 추억(釜山要塞の思い出)

요시다 데쓰유키(吉田徹之, 소년중포병생도)

　1945년 봄, 졸업 휴가가 끝난 뒤 조선군으로 배속된 대원만 먼저 동기생과 제3기생의 환송을 받으며 학교를 출발, 후지사키(藤崎) 대장의 지휘에 따라 시미즈(淸水)역에서 집결지인 시모노세키로 향하는 차에 몸을 실었다. (중략)
　오후 3시경 부산역에서 특별군용열차로 만주로 가는 혼성부대와 함께 출발, 도중 경성의 용산역에서 우리만 하차하여 제17방면군에 배속 신고를 하기 위해 사령부로 갔지만, 사령관이 부재 중이어서 약 1주일간 용산의 항공대에서 대기했다. 4월이라고 하기에는 매우 추웠다. 밝은 잔설이 얼어붙게 하는 대륙 특유의 추위가 몸에 스며들어 모두 페치카 주위에서 최후의 승리를 다짐하며 나진, 원산, 여수, 부산 등 각자의 부대를 향해 출발하는데, 우리는 부산요새수비대 축(築) 제7400부대에 배속되었다. 우리 일행 3명은 천대(泉隊)(1중대)에 배속되었다, 중대의 편성은 장교 3명(중대장 중위, 소대장 소위와 견습사관), 준위 1명, 조장 3명, 군조 7명, 오장 14명, 병장 18명, 상병 40명, 일등병 10명, 초년병 30명으로 모두 약 120~130명의 노후한 중대였지만 (중략)
　배속 당시의 중대 전력은 11년식 7cm 구경(평사, 고사 겸용) 4문과 관측용 4m 측고기 외에 88식 해안사격구와 2m 구경의 탐조등(지하에 설치) 1대가 있었다. (중략)
　중대의 지리적 위치는 조선 최남단의 섬으로 부산 소관이었지만 좁은 해협을 사이에 두고 분리되어 있었다. 섬에는 일반 민가도 상당히 있었지만, 요새는 그 섬의 남쪽 끝부분에 있고 경계선은 가시철망으로 둘러쳐져 있으며 입구는 제1, 2, 3 위문의 3중으로 되어 있어 일반인이 들어가는 것은 절대 불가능했다. (중략)
　1945년 6월경부터 이 섬에 고사포진지가 만들어졌다. 구경 12cm, 사정

거리 1만 5천m의 신예포 24문이었다. 부산 쪽이기 때문에 사격하더라도 금방 고사포의 사정권 안에 들어오지 않아 우리가 사격을 끝낸 뒤 발포하는 것이 일반적이었다. 조선에서 공습을 받은 것은 우리 중대가 최초이고, 처음에는 피해도 상당히 나왔다. 고사포진지가 증강되고 나서부터는 적기도 그렇게 가까이는 날아오지 않았다. 폭격기는 기관포 공격 위주였지만, 그라만기가 바다 위를 스칠 듯 저공비행으로 접근하여 진지의 500m 앞에서 급상승하며 기관총과 기총으로 공격을 가해 괴롭혔다. (생략)

- 출처: 朝鮮所在重砲兵聯隊史編纂委員会, 1999, 『重砲兵聯隊史-馬山·永興灣·羅津·麗水』, 千創, 130~132쪽.

제3장

아시아태평양전쟁과 군사 수송

9

대한해협의 수송 강화에 따른 부산요새사령부 편성

1941년 7월 관동군특별연습에 따른 일본 육군의 동원체계 확립

중일전쟁은 장기화되었고, 1938년 장고봉과 1939년 노몬한에서 소련군과 일본군이 국지전을 벌였다. 소련과의 전면전을 가장 우려한 상황에서 대패한 것은 일본에 큰 충격이었다. 노몬한 사건으로 일본군 1만 5,975명 중 사망·상해·질병·행방불명자가 76%라는, 전멸에 가까운 피해를 입고, 소련군의 화력과 기동력이 압도적으로 우세하다는 사실을 통감했다. 일본 육군은 소련에 대한 대대적인 병력 증강 없이는 전쟁이 불가능하다는 판단을 내렸다.

일본 육군의 중점은 북방이었다. 일본 육군은 1940년 12월 「1941년도 제국육군국토방위계획」을 결정하고, 중일전쟁 중에 미국, 소련 등과 전쟁이 일어날 경우를 상정했다. 방공에 대해서는 주로 연해주 방면에서의 공습, 상황에 따라서는 태평양 방면에서 항공모함에 의한 공습을 고려하고, 일본 내의 정치·중공업·교통, 특히 대한해협 등 중요 지역을 방위한다는 방침이었다. 독일군이 폴란드를 침공하면서 많은 항공기를 동원해 무차별적으로 철도를 공습하는 것을 지켜본 일본군은 적의 철도 공습에 대한 대비책도 강구했다. 1940년 12월 목단강을 중심으로 철도 방공연습을 일주일간 실시한 결과 전시 공습 시에는 당시 계획한 대규모 집중 수송이 불가능하므로, 집중 수송은 개전 전 은밀히 시행하든지 아니면 적어도 항공 개전에 앞서 실시해야 한다는 결론에 이르렀다. 이것을 1941년 대소전의 집중 수송 정책에 반영했다.

일본 육군은 독일이 소련을 침공했으므로 극동의 소련병력이 유럽으로 이동할 것을 예상했다. 이에 따라 극동의 소련병력이 감소하면 9월 초순부터 대소 무력전을 감행하겠다는 관동군특별연습(關東軍特別演習, 이하 관특연)을 준비했다. 관특연은 12개 사단 30만의 관동군 전력을 16개 사단 85만으로 증강하기 위해 중국, 일본, 조선에 있는 병력을 만주 동북 지역으로 집중 동원하는 것이었다. 또 병사 외에도 군마, 탄약, 자동차 연료, 군량과 말먹이 등의 대규모 군수품을 7월 하순에서 9월에 걸쳐 선만철도와 선박을 통해 일본에서 북만주로 운송한다는 계획이었다. 즉 2개월 이내에 동원을 완료하고, 수송을 위해 조선과 만주 철도를 전시태세로 이행한다는 작전이었다.

그러나 관특연은 재검토에 들어갔다. 그해 예상했던 소련의 붕괴가 일어나지 않았고, 극동 소련군의 유럽 이동도 거의 없었으며, 미국의 자산 동결과 석유 금수 조치 등에 따라 일본 육군은 8월 7일 연내 대소전을 중지했다. 그러나 다음 해 봄 소련 공세를 배제하지는 않았다. 대소전 준비를 위한 전시편제 16개 사단 85만 명 태세를 유지하며 월동 준비에 들어갔다. 목단강의 제57사단과 펑톈(奉天) 이남의 제51사단은 중국 북부로 전용하고, 남만주에 배치한 군직부대는 중국 북부와 조선으로 전용했다. 1941년 월동 병력은 조선에 8~10만, 만주에 65만, 북지에 12만이었다.

관특연 시행으로 조선 주둔 일본군은 군사력을 보충하여 강화했고, 제19사단과 제20사단은 동원부대가 되었으며, 관특연으로 배치했던 각 유수사단은 조선에도 주둔시켰다. 나진, 원산, 진해, 여수 요새는 전비(戰備) 명령을 내려 화포를 배치하고 수비부대도 배속하여 전투 준비를 완료했다. 이처럼 조선과 만주의 경비체계를 마련한 후 12월 8일 아시아태평양전쟁을 시작했다.

부산에 집결한 일본군과 부산요새사령부 신설

조선에서 일본군 군용지 확보와 병영 건설이 가장 먼저 대규모로 진행된 것은 러일전쟁 시기였다. 그 결과 부산에는 1913년 현재 육군운수부지부와 부산헌병대 건물이 들어섰다. 부지는 1909년 수용해서 총 2,038평이었다. 육군운수부는 인천, 부산, 청진에 지부와 출장소를 두고 있었는데, 그 후 부산수비대가 상주하면서 군용지를 확대했다.

두 번째로 대규모 군용지가 설정된 것은 1915~1922년이었다. 상주사단인 제19사단과 제20사단을 조선 전역에 배치하던 시기여서 부산에도 제20사단 80연대 중 일부를 고정 배치했다. 1924년 부산에 요새를 구축하면서 중포병연대 중 일부도 부산에 주둔했다.

세 번째로 일본군이 조선에서 대규모 군용지를 확보하고 군사시설을 구축한 것은 1940년대였다. 부산에도 많은 창(廠)과 병참기관이 주둔했

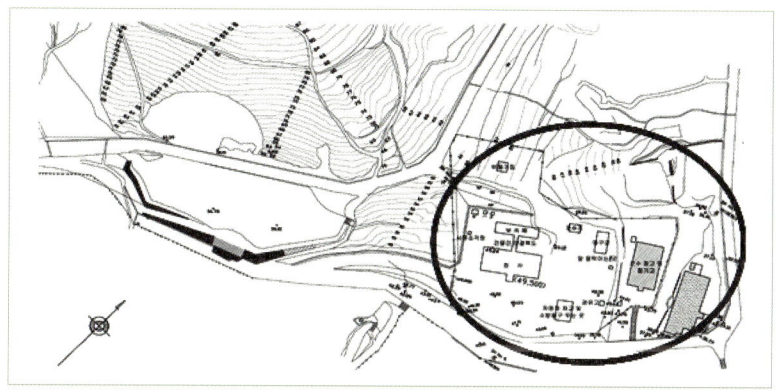

〈그림 3-1〉 부사요새사령부 배치도

- 출처: 부산광역시청, 2013, 『부산시민공원역사관 연구총서Ⅱ -일본 방위성 소장 부산주둔 일본군 자료집』, 신우정판사

〈그림 3-2〉 부산요새사령부 자리의 코모도호텔

- 출처: 2016.9.22. 촬영

다. 숙영지를 갖추고, 수송 관련 부대를 주둔시키며, 창고 등 관련 시설을 구축하려면 넓은 군용지가 필요했다. 부산 곳곳에 들어선 군사시설

과 병력을 총괄한 것은 부산요새사령부였다.

부산의 전략적 위치가 변함에 따라 대한해협과 부산항 방어 강화를 위해 일본군은 각종 부대를 부산으로 이전했다. 1941년 7월 관특연 시행에 따라 1941년 4월 육군 부산군수수송통제부를 설치하고, 7월 진해만요새사령부와 마산중포병대를 부산으로 이전하며 부산방공대도 배치했다. 11월에는 육군 선박운송사령부 부산지부를 설치하여 수송부대와 방어부대가 부산항을 중심으로 주둔하도록 했다.

진해에서 부산으로 요새사령부를 이전한 것은 부산과 진해만을 하나의 방어요새 기지로 상정하고 진해만 방어에 더 비중을 두었던 기존 작전 계획을 바꾼 것이다. 일본은 1941년 12월 진주만 공격을 시작한 이후, 1942년 7월 1일 자로 진해만요새사령부의 명칭을 부산요새사령부로 바꾸었다. 진해만요새중포병연대도 주력을 부산으로 옮기면서 부산요새중포병연대로 개칭했다. 진해보다 부산항의 정면을 중시하여 수송 동맥을 확보하는 것이 일본군으로서는 더욱 중요했기 때문이다.

부산시민공원이 된 범전리 군용지

부산항으로 군사수송이 대규모로 진행되면서 인근에 창고들이 필요했다. 군수 창고지로 추정되는 곳 중 하나가 현재의 부산시민공원이다. 미군이 오랫동안 주둔하여 '하야리아 부대'로 불렸던 곳으로, 일본군이 배치되기 전에는 경마장이 있었다. 일본군은 이곳을 '부산 범전리 군용지'로 분류해 1941년 공사 설계도를 작성하고, 1942년 설계도를 변경하여 1943년 기초공사를 시작한 것으로 보인다.

부산 임시수도기념관에서 간행한 『낯선 이방인의 땅, 캠프 하야리아』

(2015)에 실린 이문규(1920)의 구술에 따르면, 1945년 동원되었던 당시 군수품 야적장은 노천에 천막을 쳐 놓고 군수 물자를 보관하고 있었고, 군수 물자 대부분은 식료품 같은 소비상품이었다고 한다.

'부산 범전리 군용지' 바로 옆은 경마장이었다. 1924년 부산경마구락부가 결성되고, 1924~1928년 부산진매립지에서 경마대회가 열렸다. 경마구락부는 전용마장으로, 동래군 연산리를 잠정적으로 결정했다가 1930년 다시 동래군 서면으로 변경했다.

범전리 군용지는 1942~1945년 임시군속교육대도 사용했다. 부대장 노구치 유즈루(野口讓)의 이름을 따서 '노구치 부대'라고 불렸고, 1942년 6월 15일 첫 훈련을 시작했다. 이들은 예비역으로 구성된 일본군 장교들로부터 2개월간 연합군 포로를 감시할 군속요원으로 군사훈련을 받았다. 포로수용소가 조선에 개설된 것은 1942년이었다. 1941년 12월 23일 「포로수용소조례」을 개정하고, 1942년 조선, 대만, 필리핀, 태국, 마레, 사바, 보르네오에 포로수용소를 개설했다.

범전리 군용지에 한국전쟁 시기 부산기지사령부 캠프하야리아가 설

〈그림 3-3〉 부산시민공원 역사관
- 출처: 2016.9.22. 촬영

〈그림 3-4〉 부산시민공원 내 건물
- 출처: 2016.9.22. 촬영

치되면서 미군이 주둔을 시작했다. 1995년 부산 시민을 중심으로 결성한 '우리 땅 하야리아 등 되찾기 시민대책위원회'는 미군에 부지 반환을 요구하는 운동을 전개했다. 이 시기 한국군과 미군은 전력 재배치와 기지 이동으로 많은 군용지 반환을 시작했다. 미군은 2006년 캠프 하야리아를 폐쇄하고, 2010년 부지를 부산시에서 반환했다. 부산시는 이곳을 부산시민공원으로 2014년 개장했다.

군마 숙영지였던 매축지마을

일본의 병력은 군인과 군마를 기본으로 했다. 군마는 군의 이동수단이자 기병대의 전력이었다. 부산 곳곳에 군마 마계장을 임시로 만들었으니, 그중 가장 큰 곳은 영도였다. 예부터 영도는 '절영도'라고 불렸는데, 이는 말이 달리면 그림자가 따라가지 못할 정도로 우수한 말을 길렀다는 데서 연유한다. 일본은 조선에서도 군마를 기르는 것을 시도했지만, 대부분 일본에서 바다를 건너 철도로 대륙 수송을 했다.

부산항은 군마를 수용할 마계장이 대규모로 있어야 했다. 현재까지 남아 있는 곳이 부산항 인근 부산진 매립지의 일부였던 매축지마을이다. 1939년 3월 조선군 임시병참사령부 부산지부는 군인과 말의 숙영을 위해 부산진매립지 이용을 계획했다. 일본군은 부산진매립지를 육군하역장으로 사용하며 숙사와 마계장도 건립했다.

1945년 해방 이후 군마마계장은 귀환하는 사람들의 임시 거처로 이용되다 한국전쟁 시기에는 피난민의 생활터가 되었다. 다른 지역의 매축지는 부두나 도로 등으로 이용되었으나, 초량에서는 일부에 마을이 형성되어 매축지마을로 불렸다. 이 지역은 매축 지역이라 사방에 물, 갈

〈그림 3-5〉 매축지 마을 내 군마 사육 전시관
- 출처: 2016.9.22. 촬영

〈그림 3-6〉 매축지 마을 전경
- 출처: 2016.9.22. 촬영

〈그림 3-7〉 매축지 마을 공동화장실
- 출처: 2016.9.22. 촬영

〈그림 3-8〉 매축지 마을 주변의 고층아파트
- 출처: 2016.9.22. 촬영

개, 진흙이 많아서 주로 흙집을 짓고 살았다. 그러나 마을에 큰 화재가 있어 대부분이 소실되고, 몇몇 곳이 남아 있다.

10

울산과 부산의 육군 비행장 개설과 방공

일본 육군의 방공(防空) 전략

근대의 전쟁에서는 전근대와 달리 새로운 전장이 등장했다. 항공 분야이다. 1903년 라이트 형제가 첫 동력비행을 한 이후 항공기는 급속한 발전을 거듭했다. 민간 분야보다 군사 분야에서 더 활발하게 발전이 이루어졌다. 항공기를 활용한 전쟁은 기존의 지리적 한계, 시간적 한계를 뛰어넘어 군사 목적을 달성할 수 있었다. 이에 각국은 항공 분야를 군사력에 접목하여 항공부대를 창설해 기존 육군, 해군의 군사작전을 확장했다.

항공력을 전쟁에 활용하려면 우수한 항공기를 개발하고 확보하는 것도 중요하지만, 항공기를 운용할 조종사 양성과 항공기 및 항공전력을 운용할 항공기지의 건설이 전제되어야 한다. 또 전장의 변화에 따라 새로운 항공기지 건설이 이루어져야 한다. 즉 항공기지의 건설은 국가의 전쟁 지향이 어떠한 방향으로 나아가는가를 살펴볼 수 있는 핵심이다.

한반도에는 1920년 10월부터 11월 사이 함경북도 회령에 일본군 비행장이 건설되었다. 회령의 항공부대는 '간도 침략'을 위해 임시 편성된 것으로 항구적 주둔 부대는 아니었다. 회령에 다시 항공부대가 배치된 것은 1937년 중일전쟁 개전 직후였다. 제2비행단 사령부와 비행 1전대 그리고 고사포 1연대를 신설했다.

일본 육군이 한반도에 항공전력을 배치한 것은 1941년부터였다. 1941년 7월 시행한 관특연에 따라 한반도 북부에 항공부대를 배치하여 대소전에 대비했다. 일본이 하와이를 침공하고 태평양전쟁을 일으킨 이후 거듭 패하여 최후의 결전을 준비해야 할 상황이 되자 한반도 내 항공부대를 증강하고 비행장을 확충하기 시작했다.

한반도에서 가장 많은 육군 비행장이 있었던 곳은 함경도였고, 그중 일본군은 함경북도에만 6개소를 건설했다. 함경북도의 비행장은 대소전 준비를 위해 건설한 것으로 소련 국경에 가까운 위치에 있었고, 다른 비행장보다 비교적 일찍 만들어졌다는 특징이 있다.

울산비행장과 울산 주둔 일본군

울산비행장은 울산시 남구 삼산동에 있었다. 활주로가 있던 곳은 현재 넓은 대로가 되고 건물이 들어서 있다. 일본군은 1928년부터 용지를 매입하기 시작하여 태화강 남쪽에 남북 600m의 활주로를 건설하고, 이후 다시 동서 600m를 추가 신설했다. 1937년에 대구비행장이 개설되어 민간에서 사용하다가, 이후 일본 육군이 인수하여 연습기용 비행장으로 활용했다. 아시아태평양전쟁이 한창이던 1942년경 일본군은 폐쇄되었던 울산비행장을 군용비행장으로 쓰기 위한 확장 공사를 진행했다.

1945년 8월 당시 울산비행장은 동서로 1,800m, 남북으로 800m 부지에 활주로는 3면이었다. 활주로는 길이 1,500m, 1,200m, 1,000m짜리 각 1면, 폭은 모두 60m였다. 최대 수용인원 600명으로 상정했다. 1945년 전후 제8비행단사령부, 제16비행전대를 비롯해 지상 지원을 위한 제233비행장대대가 주둔해 있었다. 대공경계를 위한 전파경계기도 설치했다. 해방 후 도시 개발로 도로가 확장되고, 건물이 들어서면서 흔적이 없어졌다.

주민들의 증언에 따르면, 비행장 인근 대현동에는 일본이 만든 동굴이 총 5개 있다고 한다. 언덕 둔덕에 있는 동굴은 간격이 일정하지 않지만, 형태와 크기가 거의 일정하다. 비행장과 연관된 시설로 추정된다.

1945년, 당시 조선과 일본을 잇는 항로는 거의 폐쇄되었고, 동해안 지역만 겨우 유지하고 있었다. 이때 울산항과 동해안에 있는 일본 지역의 항로 개설이 급선무로 논의되었다. 미군의 상륙 예상지점이기도 하지만, 일본과 대륙을 잇는 생명선이기도 했다. 울산항을 포함한 주요 지점을 방어하기 위해 제120사단에서 1/2대대 규모의 병력을 배치했다.

현재까지 일본군 관련 시설로 알려진 곳은 태화강변의 신정동 동굴진지와 울산항 일대이다. 울산항과 장생포 사이의 해안에 있었다는 동굴진지는 공업단지가 들어서면서 사라졌다. 울산 장생포항은 1940년대 조선 석유 연료 저장소가 이전을 계획한 곳이었다. 일본은 석유 수입이 어렵게 되자 조선과 만주에서 채굴되는 석탄으로 인조 석유를 제조하기 시작했다. 울산에 석유 공장지대를 건설하여 한반도 내 필요한 석유를 자급할 계획이었다. 그러나 부지 공사를 하던 중 전쟁이 끝났다.

울산항에서 태화강을 따라 내륙으로 들어가면 부산 낙동강과도 연결

〈그림 3-9〉 기도처로 사용되고 있는 동굴진지
- 출처: 2013.4.20. 촬영

〈그림 3-10〉 동굴진지 내부
- 출처: 2013.4.20. 촬영

〈그림 3-11〉 창고로 사용되고 있는 동굴진지
- 출처: 2013.4.20. 촬영

〈그림 3-12〉 태화강 동굴피아 입구
- 출처: 2017. 촬영

된다. 이곳에 병력을 배치했을 가능성이 충분하다. 동굴 4개는 상당히 규모가 크며, 그동안 주민들이 식당으로, 주거지로 사용하고 있었다. 울산시 남구청에서 이 일대 부지를 매입하여 2017년 동굴체험장인 태화강동굴피아를 개장했다.

일본군 비행장에서 미군 비항장으로, 해운대비행장

부산시 해운대구 센텀시티 일대에 위치했던 해운대비행장은 부산항을 방어할 일본 육군 제5항공군이 편성된 곳이다. 1944년경 공사를 시작한 것으로 추정되나 1945년 전쟁이 끝날 때까지 비행장 공사는 완료되지 않았다. 해운대비행장은 1934년 골프장으로 개장하여 가까운 해

〈그림 3-13〉 해운대 골프장 전경
- 출처: 한국저작권위원회

〈그림 3-14〉 울산비행장
- 출처: 한국저작권위원회

〈그림 3-15〉 1965년 수영비행장 전경
- 출처: 한국저작권위원회

〈그림 3-16〉 1953년 K9 비행장의 전투기들
- 출처: 한국저작권위원회

운대 온천과 관광지가 유명한 곳이었다.

해방 후 수영비행장으로 명칭을 변경하고, 한국군은 동부산공군기지(K9)로 이용했다. 동시에 민간공항으로 1958년 부산비행장을 개항하여 1963년 부산국제공항으로 승격했다. 사람과 물자 수송력이 계속 늘어나자 여객과 화물을 감당할 수 없게 되어 민간공항 시설을 김해에 위치한 공군비행장으로 이전하고, 1976년 김해국제공항을 개항했다. 이후 미군은 수영비행장을 군용으로만 이용하다 1996년 폐항하고 부지를 부산시에 반환했다.

11

일본 해군의 진해 수상항공기지와 부산 항공기지

일본 해군의 항공기지 건설

일본 육군과 해군은 각각 비행장을 건설하고 항공부대를 편성하고 있었다. 지금처럼 공군이 별도의 조직으로 존재하지 않았으니, 비행장이라는 것은 일본 해군이 명명한 군사시설이고, 해군은 항공기지라고 불렀다. 비행장에는 활주로, 격납고, 엄체호, 연료 및 탄약고 등의 시설이 있었다.

일본 해군이 한반도에 가장 처음 건설한 항공기지는 1933년 제주도 모슬포 알뜨르비행장이었다. 일본은 중국 침략을 위한 비행의 중간 기착지로 활용하기 위해 비상착륙장을 건설했다. 제주도에 비행장을 건설한 이후에는 진해항공대가 편성된 진해 수상항공기지를 완공했다.

1945년 9월, 진해경비부가 작성한 『진해경비부인도목록』에 따르면 해군 항공기지는 진해 외에도 제주도, 부산, 광주, 영일, 여수, 평택, 옹진에 있었다. 다른 자료인 『항공기지도』에는 원산 항공기지에 대한 기록이 있는데, 1940년 건설되어 사용했다고 하나 자세한 정보를 찾기 어렵다.

〈표 3-1〉 일본 해군의 항공기지 현황(1945)

연번	기지명	위치
1	진해 항공기지	경상남도 창원군 진해읍
2	제주도 항공기지	제주도 제주읍
3	부산 항공기지	경상남도 김해군
4	광주 항공기지	전라남도 광주군
5	영일 항공기지	경상북도 영일군
6	여수 항공기지	전라남도 여수읍
7	평택 항공기지	경기도 평택
8	옹진 항공기지	황해도 옹진군
9	원산 항공기지	함경남도

일본 육군과 해군은 각각 항공대를 운용하고 비행장과 항공기지를 개별적으로 건설했다. 1921년 육군 참모총장과 해군 군령부장은 '육해군 항공임무 분담협정'을 체결하여 주요 지점에 대한 방공은 육군이 맡고, 해군은 근거지대를 비롯한 해군기지와 해안에 침입하는 함선 및 항공기에 대한 방어 활동을 담당하기로 했다. 이와 관련해서 1923년 체결된 「육해군 방공협정의 건」으로 진해와 영흥은 해군이, 경성·평양·신의주·원산·진해만·마산항·부산항은 육군이 대공방어를 분담한다는 협정을 맺었다. 진해와 영흥은 해군기지가 있는 곳이고, 진해만·마산항·부산항에는 육군이 포대를 건설하고 중포병연대를 배치한 곳이다.

진해항공대 편성과 수상 항공기지 건설

진해항공대 편성 논의는 1917년 시작되었다. 일본 해군은 항공대 확장 계획을 수립하고, 1924년까지 17개 항공대를 증설하기로 했다. 진해항공대 예정지는 행암만 지역인 풍호동, 덕산동 일대였다. 1924년 4월 일본은 예산 등의 이유로 계획을 전면 취소하고, 한 곳에만 항공대를 설치하기로 했다. 그곳이 바로 진해요항부의 항공대였다.

계획을 시행하는 과정에서 비행장 부지는 현재 해군사관학교 지역인 안곡동으로 변경되었다. 해상기와 육상기를 모두 건설하기로 한 처음 계획에서 해상기만 건설하기로 하면서, 위치도 바뀐 것으로 추정된다. 1925년 예정지 토지를 수용했지만, 본격적으로 공사가 시작된 것은 1935년부터였다. 진해항공대는 1936년 10월 1일 정식으로 창설되었다.

1934년 『육기밀대일기』에 보고된 「진해 행암만 해군성 용지 일부 이관 등의 건」에 비행장 관련 지도가 첨부되어 있다. 1933년 진해 경화역에서 행암만 육군 양육지까지 철도를 연결하는 과정에서 해군과 육군의 협의를 담은 문서다. 이 지도를 보면 철도선이 기존 해군 비행장뿐

〈그림 3-17〉 1951년 진해 항공기지 활주로
– 출처: 한국저작권위원회

〈그림 3-18〉 1951년 진해 항공기지 전경
– 출처: 한국저작권위원회

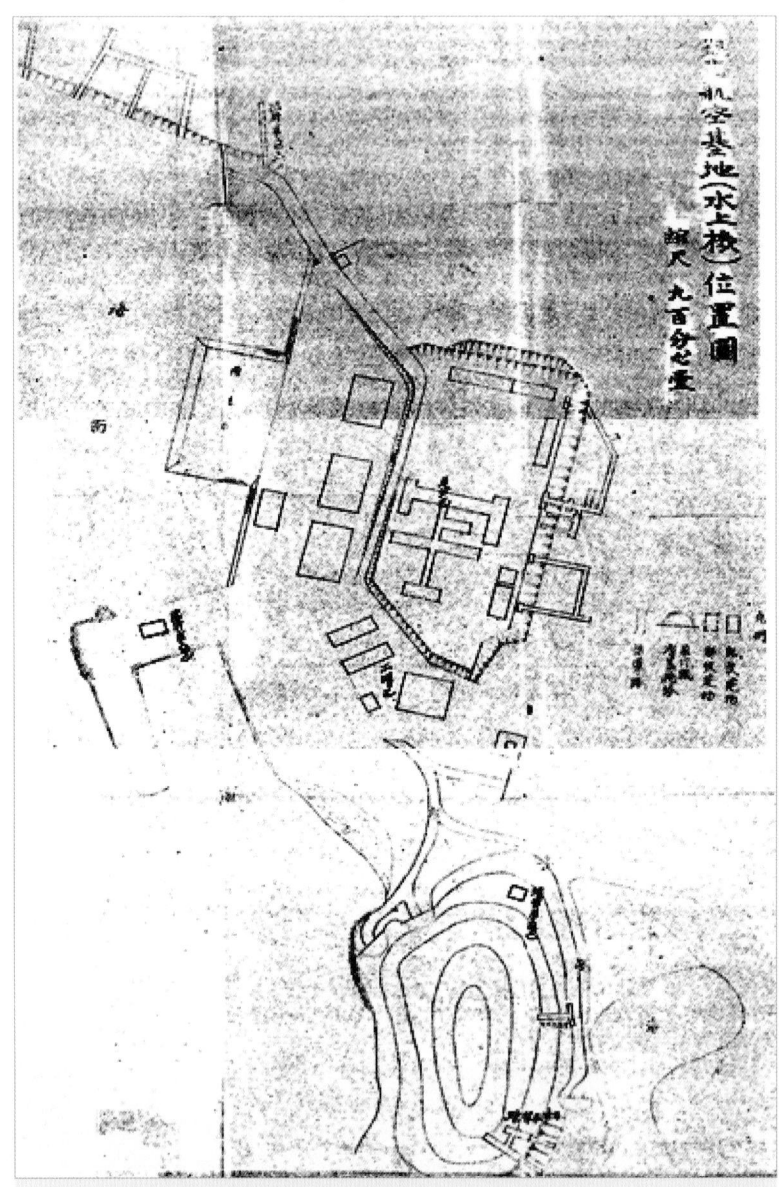

〈그림 3-19〉 진해 수상항공기지 배치도
- 출처: 海軍省,「鎭海航空基地」,『鎭海警備府 引渡目錄 3/3』(JACAR, Ref.C08010529800)

아니라, 확장할 예정인 비행장을 관통하여 건설될 계획이었다. 지도에서 기존 비행장 구역을 확인할 수 있고, 이 구역을 포함한 더 큰 범위의 '비행장 확장 예정 지역'도 명확하게 표시되어 있다.

진해항공대가 주둔한 비행장은 수상비행장이었다. 소형비행장 전용으로 진해읍 안곡리에 총 부지 290만 평, 격납고 부지는 1만 5천 평으로 조성되었다. 덮개가 있는 비행기 엄체호가 6기, 부속시설로는 탄약고와 연료고를 두었다.

진해항공대는 해방 후 민군 공용비행장으로 운영하다 현재는 대한민국 해군이 관할권을 가지고 있다. 덕산비행장으로 불리던 시기인 1949년 4월 15일, 이곳에서 대한민국 해병대가 창설되었다.

김해국제공항이 된 일본 해군의 부산항공기지

일본 해군의 부산항공기지는 현재의 김해공항으로, 민간 항공과 군 항공이 공동으로 사용 중이다. 공항 밖에 형성된 마을에서 4기의 엄체호를 확인할 수 있다. 주민들에 따르면 20여 개의 엄체호는 1961년 김해비행장 확장으로 대부분 소실되었다고 한다. 비행장이 있던 김해군 대저읍은 1978년 부산시로 편입되었다.

1900년대까지만 해도 이곳은 갈대가 우거진 갈대숲이었는데, 이주한 사람들이 개간하여 기름진 농토로 만들고 마을을 이루어 이울리라고 불렀다. 옥토를 만든 사람들은 비행장 건설로 토지를 수용당한 뒤 다른 곳으로 흩어져야 했다. 해방 후에 돌아온 사람들은 마을 이름을 평소(平召)라 했다. 2~3년 뒤 귀환 동포도 이웃 마을에 정착하며 신흥(新興)이라 이름 지었다. 두 마을은 1961년 김해비행장이 확장되면서 마을 부지

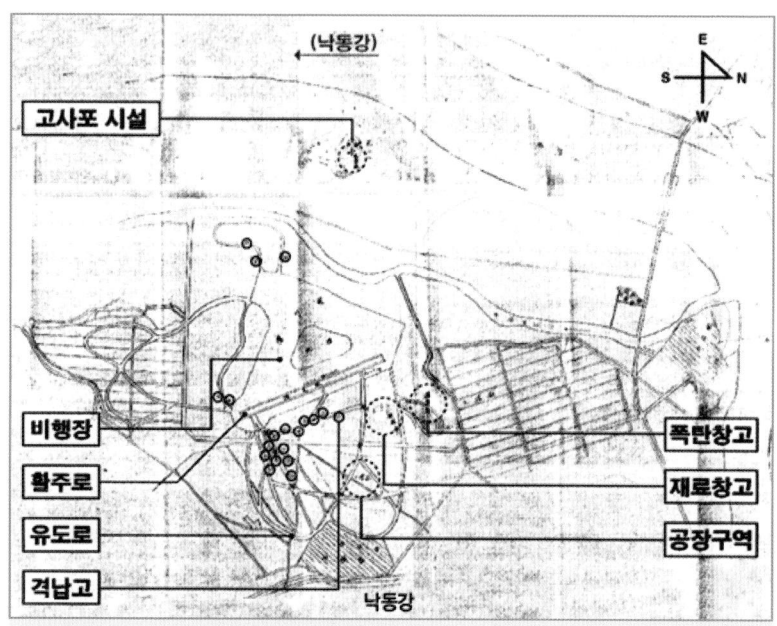

〈그림 3-20〉 김해비행장 배치도

- 출처: 海軍省, 「鎭海航空基地」, 「鎭海警備府 引渡目錄 3/3」(JACAR, Ref.C08010529800);
이종민, 2022, 「아시아태평양전장 부산형부소의 수형자 동원」, 『한일문족문제연구』 42, 30쪽.

가 수용되고, 마을은 축소되어 같은 행정구역으로 통합되었다. 마을 이름은 신흥의 '신'과 평소의 '평'을 따서 신평(新平)이라 작명되었다. 현재 신평마을은 '국방부 국유토지 사용허가 지역'이다.

부산항공기지는 1945년 9월 김해에 소재한 411만 평 부지에 125만 평의 비행장으로 들어섰다. 일본 해군이 미군에 보고한 「부산항공기지」에 따르면 소형 비행기를 운영했던 비행장으로, 활주로 1,500m×50m, 유도로 22,500m×5m 규모였다. 부산항공기지 배치도를 보면 유도로를 따라 곳곳에 엄체호 20기가 배치되었다.

〈그림 3-21〉 김해비행장 엄체호1
- 출처: 2022.11.6. 촬영

〈그림 3-22〉 김해비행장 엄체호2
- 출처: 2022.11.6. 촬영

비행장은 1942년 이전 공사를 시작한 것으로 추정된다. 부산형무소 관련 연구에 따르면, 1942년 수형자들이 해군 요청에 따라 항공기지 구축 작업을 했다고 한다. 부산형무소가 현 김해공항의 끝자락에 있었기 때문이다. 부산형무소 산하 보국대로 낙동보국대와 진해보국대를 편성했는데, 낙동보국대가 항공기지 부지에 배치되어 1942년 임시 숙소를 짓고, 땅을 고르는 작업을 했다. 자료에는 엄체호가 20기 건설된 것으로 확인되지만, 현재는 4기만 남아 있다. 실제 거주하거나 축사와 공장으로 사용하고 있다.

주민들은 모두 엄체호를 격납고로 부르고 있는데, 격납고는 비행기를 임시로 보관하며 수리하는 곳이다. 활주로와 거리를 두고 유도로를 따라 지은 엄체 혹은 엄체호는 비행기를 숨기는 시설이다. 엄체호1에 거주하는 주민은 아버지 대부터 살기 시작하여 본인도 결혼해서 이곳에 살며 자식들을 키워냈다고 한다. 비행장과 엄체호를 건설하는 데 주민들을 동원했고, 인근 칠점산과 덕도산을 깎고 그 흙과 돌로 평탄작업을 하며 엄체호를 만들었다고 한다.

제4장

1945년 미군의 상륙과 일본군의 귀환

12
일본의 '본토결전'과
부산요새관구의 해안방어

부산요새사령부의 부산요새관구 방어

　아시아태평양전쟁 말기 일본은 마지막 항전으로 본토결전(本土決戰)을 준비했다. 1945년 1월 22일 조선은 조선군사령관이 지휘했던 조선군사령부를 폐쇄하고 제17방면군사령부와 조선군관구사령부로 편성, 병치했다. 군령(軍令)과 군정(軍政)을 구분한 것이다.

　제17방면군의 임무는 "침투하는 적을 격멸하고, 그 기도를 막아 조선을 확보한다. 소련에 대한 작전 준비는 관동군총사령관의 구처(區處)"를 받는 것이었다. 이에 따라 조선에서 작전 준비 중점은 제주도를 포함한 남서 방면으로 하고, 조선총관철도·북선철도와 압록강·두만강의 중요 지점을 방위하도록 했다. 즉 제17방면군은 조선 남서 방면의 적 상륙을 막고, 대륙 수송로인 조선철도를 방어하는 것이 임무였다.

　조선군관구사령부는 제17방면군의 전투 준비를 지원하고, 대륙의 병력과 물자를 일본과 조선으로 수송하는 역할을 담당했다. 병참지구대, 병참수송기관, 보급기관, 위생기관, 기타 특수 병참기관 등 대부분의 직속부대를 부산에 배치해 수송의 중심을 부산에 두었다. 조선군관구사령부 사령관은 천황에 직예하고, 예하부대를 통솔하여 군정 사항, 방위 등에 임하는데 군정과 인사는 육군대신, 동원계획과 작전계획은 참모총장, 또 교육은 교육총감의 구처를 받도록 했다. 군관구 지역도 방면군의 작전 지역과 일치하도록 개정했다.

　1945년 4월 1일 유수19사단은 나남사관구, 유수30사단은 평양사관구, 유수20사단은 경성조선군관구로 칭호를 변경하고, 대구와 광주사관구사령부를 신설하여 지역별 사관구를 편성했다. 나남사관구는 함경남북도, 평양사관구는 평안남북도와 황해도, 경성사관구는 경성·강원·충청남북도, 대구사관구는 경상남북도, 광주사관구는 전라남북도로 구분했다. 지역별 사관구 외에 요새별로 부산요새관구, 여수요새관구, 나남요새관구, 영흥만요새관구를 편성하고, 요새사령관이 그 지역의 부대를 지휘했다.

　부산요새사령관이 지휘하는 부산요새관구에는 1945년 8월 15일 직후 자료에 따르면 군인 15,420명, 말 135필, 자동차 115대가 배치되어 있었다. 이 중 항공부대가 5,781명이었다. 미군의 상륙을 대비하는 본토결전을 위해 군사력을 집중한 결과였다. 부산요새관구는 부산요새사령부의 작전 지역이자 부산요새관구사령부의 군정 구역이었다. 부산요새관구는 남해·하동·사천·진양(진주)·고성·통영·함안·창원·김해·양산·울산·동래·부산 등 경남 지역 전체를 아우르는 구역이었다.

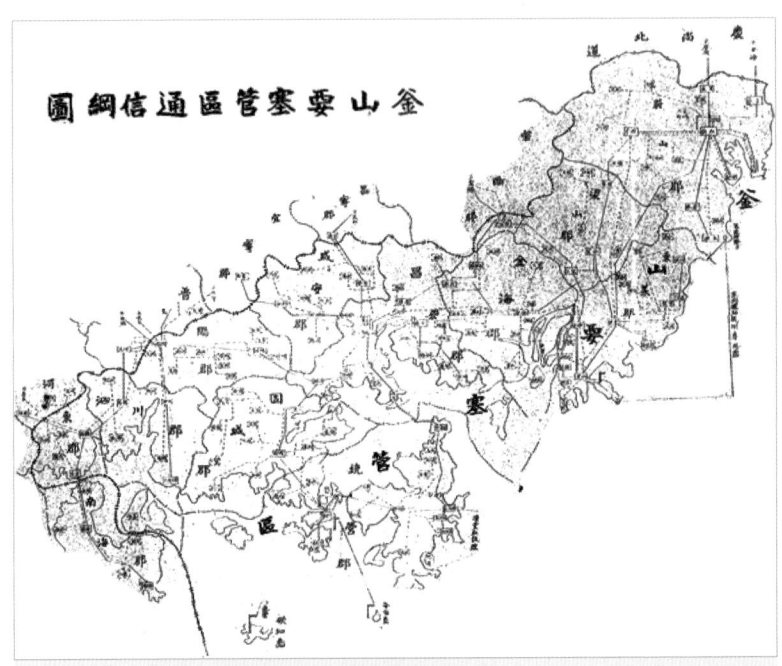

〈그림 4-1〉 부산요새사령부의 경계 구역인 부산요새관구
- 출처:「朝鮮沿岸(內陸)兵要地理(慶尙南道之部)整理番号第5号 昭和20年6月10日」(JACAR, Ref.C14021102100)

　부산요새사령관은 관구 내의 부산요새수비대를 비롯한 작전부대를 지휘하고, 군정도 담당했다. 전시체제 속에서 요새지대법은 대폭 수정되었다. 1940년 4월 2일 수정된「요새지대법 중 개정」에 따른 첫 번째 큰 변화는 요새 범위였다. 제1구역 250간(間, 약 0.45km)을 1km, 제2구역 750간(間, 약 1.36km)을 5km, 제3구역 2,250간(間, 약 4km)을 15km 이내로 개정했다. 두 번째 큰 변화는 요새사령관의 권한이었다. 육군대신과 해군대신은 요새지대법을 개정하자는「요새지대법 중 개정에 관한 건」을 10월 8일 내각 총리대신에게 요청했다. '행정간소화에 의해 육군

대신의 허가권을 하급 관청으로 이양'하는 것이 필요하다는 이유였다. 1943년 11월 2일 「요새지대법전시특례」에 따라 육군대신의 권한은 요새사령관에게 이양했다. 요새사령부의 위상이 높아지기도 했지만, 작전 수행 속도가 그만큼 빠르게 전개되어야 하는 상황이라는 것을 알 수 있다.

전투를 위한 제120사단 배치

제17방면군은 미군의 상륙 강행 예상에 따라 남선지구에 대한 작전준비를 4월 말 시행했다. 제150사단, 제160사단, 사관구부대가 신설되면서 사단장, 사관구사령관, 요새사령관 등을 소집했다. 독립야포병 1대대를 배속한 제150사단으로 목포와 법성포 지구, 독립야포병 주력을 배속한 제160사단으로 부안과 군산지구의 연안 방비를 담당하도록 했다. 두 사단은 여러 차례 편성과정을 거쳐 완결하고, 종래 실시해 오던 경성사단의 축성작업을 승계했다. 새로이 군의 예하에 들어갔던 제120사단도 5월 중순 국경을 통과하고, 5월 하순 주력으로 경산 부근에 집결을 완료했다. 군은 작전준비요강에 따라 보병 1연대를 부산요새사령관의 지휘하에 두고, 요새 수비를 강화했다. 보병 2대대는 삼천포와 고성 간 지구에, 각 보병 1대대는 울산과 포항에 배치했다. 주력은 대구 주변 지구에 두었다.

일본은 미군이 한반도에 상륙한다면 가장 유력한 곳은 제주도, 그다음으로 군산을 지정했다. 그 외 목포와 삼천포에도 대규모의 미군이 상륙할 가능성이 있으며, 부산·울산·포항 상륙 역시 고려했다. 이에 따라 포항 1개 대대, 울산 1/2대대, 부산 3개 대대, 삼천포 3개 대대, 해남

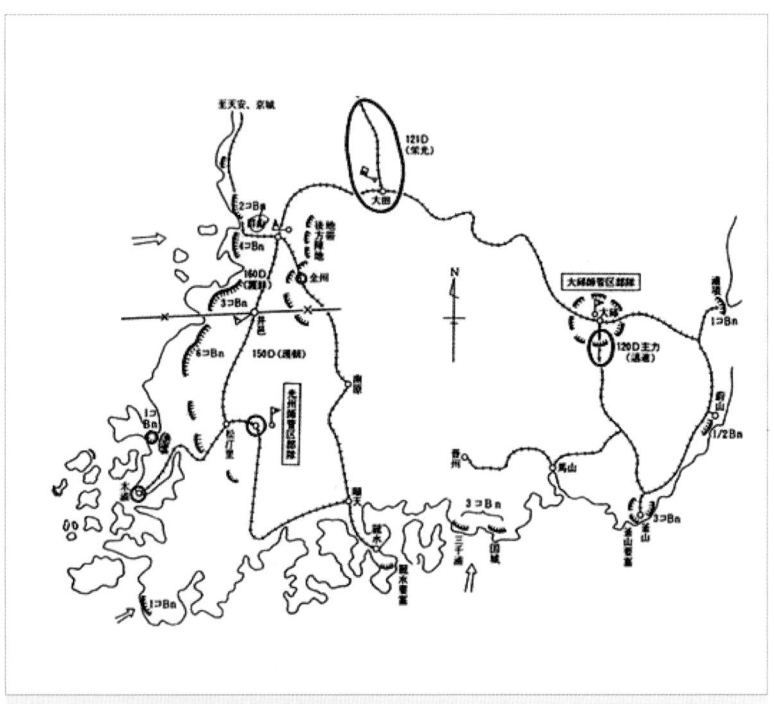

〈그림 4-2〉 조선 남부 병력 배치도(1945.5.)　　　　　※ D 사단 / Bn 대대 / 축성진지
- 출처: 朝鮮所在重砲兵聯隊史編纂委員會, 1999, 『重砲兵聯隊史-馬山·永興灣·羅津·麗水』, 千創, 40쪽.

1개 대대, 목포 1개 대대, 군산 160사단 15개 대대를 배치했다.

특히 군산-목포 해안에 방어시설과 병력을 집중하여 배치했다. 경상남북도나 동해 일대는 산악지대로, 산지가 직접 바다에 접해서 항만 이외에는 대부분 상륙이 곤란했다. 반면 충청남북도와 전라남북도 서쪽 방면 일대는 구릉이나 평지지만, 조수간만의 차가 커서 상륙이 곤란한 곳이 많았다.

방어를 위한 고사포 제151연대와 중포병연대 배치

부산에 배치한 제151연대는 1941년 편성했던 방공 제41연대를 개칭한 것이다. 1941년 7월 관특연 실시에 따라 대한해협의 안전 확보를 위해 7월 16일 고쿠라(小倉)에서 독립고사포 제23중대를 편성하여 부산요새사령관의 지휘하에 부산지구 방공을 담당하도록 했다. 1941년 11월 8일 남방작전 준비를 위해서 별도로 방공 제41연대, 제42연대도 편성

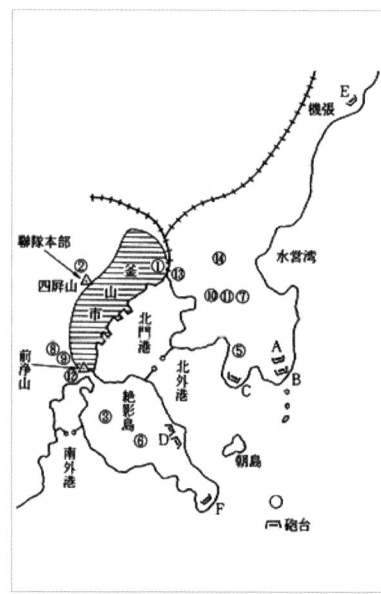

부대명	배치 장소
연대본부	사병산
① 제1중대	북문항(北門港) 북측
② 제2중대	사병산
③ 제3중대	절영도 서북
④ 제4중대	
⑤ 제5중대	북외항(北外港) 동북측
⑥ 제6중대	절영도 중앙
⑦ 제7중대	수영만 서남측
⑧ 제8중대	전정산(前淨山) 북측
⑨ 제9중대	전정산(前淨山) 북측
⑩ 제10중대	북외항(北外港) 동북
⑪ 제11중대	북외항(北外港) 동북
⑫ 제12중대	전정산(前淨山) 남측
⑬ 제13중대	북문항(北門港) 북측
⑭ 제14중대	북문항(北門港) 북측
포대 명칭	
A	장자등포대
B	장자등 제2포대
C	용당산포대
D	절영도포대
E	기장포대
F	부산요새 중포병연대 일부

〈그림 4-3〉 부산요새 중포병연대와 제151고사포연대 배치도(1945)

- 출처: 朝鮮所在重砲兵聯隊史編纂委員会, 1999, 『重砲兵聯隊史-馬山・永興灣・羅津・麗水』, 千劍, 106쪽.

했다. 이 시기에는 전력을 집중하기 위해 독립고사포 부대를 통합하였으니, 부산지구의 독립고사포 제23중대는 방공 제41연대의 편성요원이 되었다. 1944년 고사포부대는 제151연대와 제152연대가 조선에 배치되는데, 각각 본부는 경성과 부산에 두었다.

 부산항을 둘러싸고 있는 ①~⑭는 고사포부대의 배치현황이고, A~F는 포대를 중심으로 배치된 중포병연대이다. 제151고사포연대 배치를 보면, 연대본부는 사병산에 두고, 제1중대~제14중대로 부산항을 에워싸고 방어하도록 했다. 그 외에도 부산요새중포병연대도 제1중대~제6중대 996명을 장자등, 절영도, 외양포, 지심도에 배치하여 해안을 방어하도록 했다

13

밀양, 진주, 사천평야에 들어선 미완의 비행장

일본 육군 비행장과 항공군 배치

1944년 중반부터 제주도를 비롯한 남해안 일대에 본격적으로 미군 항공기가 모습을 드러냈다. 초기에는 정찰 목석의 비행이 많았으나, 10월 25일 중국에서 발진한 B29가 제주도와 규슈(九州) 일대에 출현한 이후 실질적인 공습 피해자가 발생했다. 일본은 미군이 조선과 일본에 상륙할 것이라고 예상하고, 조선주둔 일본군을 제17방면군으로 재편하여 한반도를 최후의 결전지로 만들었다.

1945년 4월 8일 「결호작전 준비요강」에 따라 항공부대는 상륙하는 적 수송선단 공격, 적의 공습에 대비한 작전 준비, 항공기지 강화, 비닉(秘匿) 비행장 건설 등 전력 보전과 축적을 시작했다. 이때 비행장 확장이 시급히 진행되고, 비행장을 은닉하고 비행기를 숨기는 엄체호도 전국에 건설했다. 『육군비행장요람(홋카이도, 조선)』, 『비행장기록(조선)』 등의 자료를 종합해 보면 1945년 8월 이후 한반도에 건설된 비행장은 38개 이상으로 확인된다.

한반도는 일본의 대미작전 후방기지이자 일본과 대륙 간 항공로의 연접기지 역할을 했다. 조선 내 항공작전 수행을 위해 일본 비행부대의 후방 기동비행장으로 정비되었다. 그러나 1945년 2월 본토결전을 시작한 일본은 조선을 일본 본토에 포함하여 결7호작전을 명령했다. 조선 내 비행장은 근거지 비행장으로 군사적 성격을 강화하는 동시에, 형태적으로 가능한 한 보이지 않도록 숨기는 비닉(秘匿)주의를 채용하여 비닉 엄체(掩體)와 비닉 비행장으로 정비하는 데 집중했다. 1945년 5월 제5항공군이 만주에서 조선으로 재배치되면서 본격적으로 대대적인 정비를 시작했다. 새롭게 비행장을 건설하고, 콘크리트 덮개가 있는 유개(有蓋) 엄체를 만들면서 비행장 위장에 착수하지만, 패전까지 70~80%를 건설하는 데 그친다.

일본은 비행장 건설과 동시에 「결호작전에 따른 항공작전지도요강」에 따라 6월까지 항공작전 준비를 완료하도록 했다. 일본 육군 제5항공군은 조선으로 전용되고, 일부는 지나파견군 예하부대로 남겨두었다. 1945년 6월 현재 제5항공군 배치도는 다음과 같다.

〈그림4-4〉에서 보이는 제5항공군은 조선의 북부, 중부, 남부로 편성되어 있었다. 북부 신의주·평양·온주정비행장에 배치된 항공부대는 8비행단(FB)이고, 중부 경성·수원·용산비행장에 배치된 항공부대는 1비행단(FB)이다. 대전과 대구비행장을 근거지로 하여 조선 남부 지역 비행장에 배치된 항공부대는 2비행단(FB)이다. 제5항공군사령부의 주력은 경성에, 일부는 밀양에 배치하고, 제5항공군통신사령부 주력은 삼

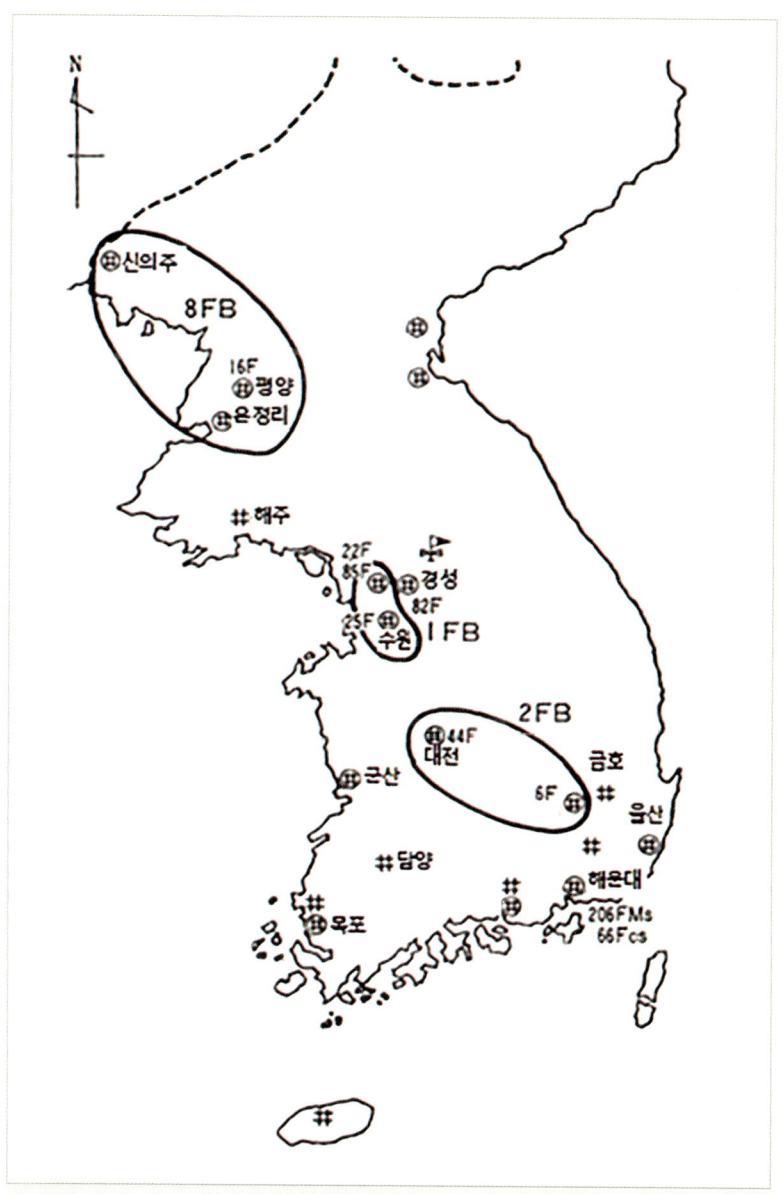

〈그림 4-4〉 일본 육군 제5항공군 배치도(1945.6.)   # 신설비행장 기설비행장 / FB 비행단
- 출처: 防衛廳防衛研修所 戰史室, 1971, 『戰史叢書19, 本土防空作戰』, 朝雲新聞社, 538쪽.

랑진에 배치했다. 또 실질적인 항공 전력인 비행전대는 대전·대구·울산·사천을 근거지로 편성했다.

제5항공군은 경의선·경부선이 위치한 지역에 편성되어 있고, 울산·해운대·사천·목포·군산 등 조선 남부 지역의 중요 수송항에 밀집해 있다. 이것은 철도와 항만 그리고 대한해협을 방어하기 위한 배치라는 것을 알 수 있다. 그런데 조선에 구축한 비행장은 1945년 초순까지 일본 항공부대의 대미작전을 위한 후방기동비행장, 또는 일본과 대륙 연락을 위한 항공로용 비행장으로 사용되었으며, 작전비행장으로서 시설을 충분히 갖추지 못했다. 해군비행장은 김해 낙동강 하구, 포항 영일만에 있었다.

제5항공군의 한반도 내 작전 현황은 「본토항공작전기록 부록 제6 제5항공군결호작전계획의 대강」에서 확인할 수 있다. 계획에 따르면, 작전상 준비 시기를 6월 하순으로, 완성 시기를 7월 말로 설정했다. 지도 방침에서는 특히 상황에 따라 일부 정예 특공대로 기습작전 실시를 강조하는데, 이는 항공부대별로 구성된 특공부대를 지칭하는 것으로 파악된다. 즉 1945년 5월 해상과 항공의 모든 전력을 특공 공격에 투입하라는 본토결전 기본방침에 따라 한반도 남쪽을 중심으로 조선에 주둔하는 항공부대 수를 급격히 늘리고, 비행장 추가 건설을 긴급히 시행했다.

미군의 상륙이 가시화되면서 일본군 항공기지는 점차 자살특경을 염두에 둔 특공기지로 변모했다. 이에 따라 일본군이 보유하고 있던 비행기 중 500기를 특공기로 편성하는 한편, 이들을 은닉하고 보호할 엄체 구축 계획을 추진했다. 당시 구축 계획에 따른 엄체는 200기에 달했으며, 이 중 적지 않은 수가 실제 건설되었던 것으로 확인된다.

결호작전을 통해 병력을 증원했지만, 미군의 군사력을 막을 수는 없었다. 1945년 7월 동해 연안의 모든 항구에 미군의 기뢰가 투하되어 사용이 불가능했고, 점차 폐쇄되었다. 미군의 공습도 1944년 6월 기타큐슈(北九州) 지역을 시작으로, 1944년 말 이후에는 일본 본토 전역을 초토화했다. 조선은 1945년 7월부터 8월에 걸쳐 함경도 나남, 청진, 흥남, 원산, 마산, 부산, 여수 등 공업도시와 항만도시가 공습 피해를 당했다. 미군은 공장과 항만을 공습하고, 기뢰를 투하하며, 제주도와 남부 해안에 기총소사(機銃掃射)를 행하여 통신시설과 철도 교량, 공장을 파괴했다. 그러나 일본 본토에 비한다면 조선의 공습은 산발적이었고, 지역도 제한적이었다.

조선 남부의 항공부대 중심지, 밀양비행장

밀양은 조선 철도의 핵심 거점이었다. 부산항(釜山港)과 마산항(馬山港)에서 출발한 철도가 만나는 밀양 삼랑진역(三浪津驛)은 1905년 1월 1일 영업을 시작했다. 러일전쟁 시기에 일본은 경부선과 경의선를 개통하여 부산에서 신의주까지 연결되는 교통망을 구축했다. 부산항보다 일찍 항구시설을 갖춘 마산항에서 철도로 연결되는 삼랑진역은 교통 요충지였다.

삼랑진역의 역할이 확대될수록 역무원과 관계자가 생활할 공간이 필요했다. 1927년부터 사택을 지어 모두 17동을 건설하고 각 동에 두 세 대씩 입주했다. 높은 지역은 상급관사, 늦은 지역은 하급관사가 배치되었다. 철도병원 분원, 공동우물, 신사도 들어섰다. 삼랑진역에는 1923년 건립했다는 급수탑이 아직 남아 있다.

〈그림 4-5〉 삼랑진역 급수대
- 출처: 2022.12.4. 촬영

〈그림 4-6〉 삼랑진 철도관사
- 출처: 2022.12.4. 촬영

〈그림 4-7〉 밀양비행장 기산리 엄체호
- 출처: 2022.12.4. 촬영

〈그림 4-8〉 밀양비행장 연금리 엄체호
- 출처: 2022.12.4. 촬영

밀양 삼랑진에서 멀지 않은 넓은 평야에 비행장과 군사시설을 세우면서, 1945년 제5항공군사령부의 일부와 제5항공군통신사령부 등이 주둔을 시작했다. 밀양비행장은 그 흔적이 없어졌지만, 기산리와 연금리에 엄체호 2기가 남아 있다. 주민들에 따르면, 기산리에는 원래 4개의 엄체호가 있었지만 현재는 1개만 남았으며, 산 중턱에 일본군이 만든 동굴이 있다고 한다. 연금리에 있는 엄체호는 도로에 인접하여 발견하기도 쉽고 출입도 자유롭다. 크기는 지름 14m, 높이 약 3m, 길이 약 13m이다. 기산리와 연금리의 엄체호는 국가등록문화재 제206호로 지정되어 있다.

사천비행장과 진주비행장

사천비행장은 한국 공군 비행장이자 민간공항으로 사용되고 있다. 민군이 활주로를 같이 사용하고 있으며 군사공항으로 분류된다.

사천비행장은 1940년 전후 공사를 시작한 것으로 보인다. 이와 관련해 『사천 항공 63년사』와 『사천시사』에 다음과 같은 기록이 남아 있다.

1939년 일제는 중일전쟁과 태평양전쟁을 수행하기 위해 사천평야에 군용 비행장 건설에 들어갔다. 1945년 8월 15일 일본군은 사천비행장에 전투용 항공기를 비롯한 각종 군수물자를 버려둔 채 물러났다. 사천비행장은 거의 마무리 단계였다.

- 『사천 항공 63년사』

사천비행장은 일제가 1940년대 초에 건설을 시작하여 마무리 단계에서 패망으로 철수하게 되었는데 당시 경폭격기와 연습기가 비행장에서 활동하였다는 지역 촌로들의 진술을 들을 수 있으나 자세한 기록은 없다.

- 『사천시사』

한편 진주비행장은 1945년 시설한 비행장 중 하나로, 터를 닦는 작업을 하던 중 전쟁이 끝났다. 현재는 도시개발로 도로와 건물이 들어섰고, 대부분 농지가 되었다. 진주비행장은 초전비행장 또는 도동비행장으로 불렸는데, 진주시 초전동, 도동이라는 행정명이 남아있다. 1945년 당시에는 삼천포 삼천포역과 진주역을 오가는 철도가 있었고, 도로도 개통되어 교통이 편리했다.

14

여수항과 삼천포항 방어를 맡은 남해의 일본군

남해군은 부산요새사령부와 여수요새사령부의 지휘를 받는 부대가 각각 배치되었다. 동북쪽에 있는 남해군 창선면은 부산요새관구의 경계로, 고성과 사천으로 진입하는 바다를 방어했다. 본토결전에서 미군이 이곳으로 상륙할 가능성이 있다고 판단하고 있었다. 창선면에서는 일본군의 전쟁 유적을 아직 발견하지 못했다.

〈그림 4-9〉 남해군 남면 홍현리 일본군 주둔지
- 출처: 2013.6.8. 촬영

〈그림 4-10〉 남해군 남면 선구리 벙커 지붕
- 출처: 2013.6.8. 촬영

〈그림 4-11〉〈그림 4-12〉 남해군 남면 선구리 해안의 진지동굴 입구

- 출처: 문화재청, 2007, 『2007 군부대 문화재 조사보고서』, 257~260쪽.

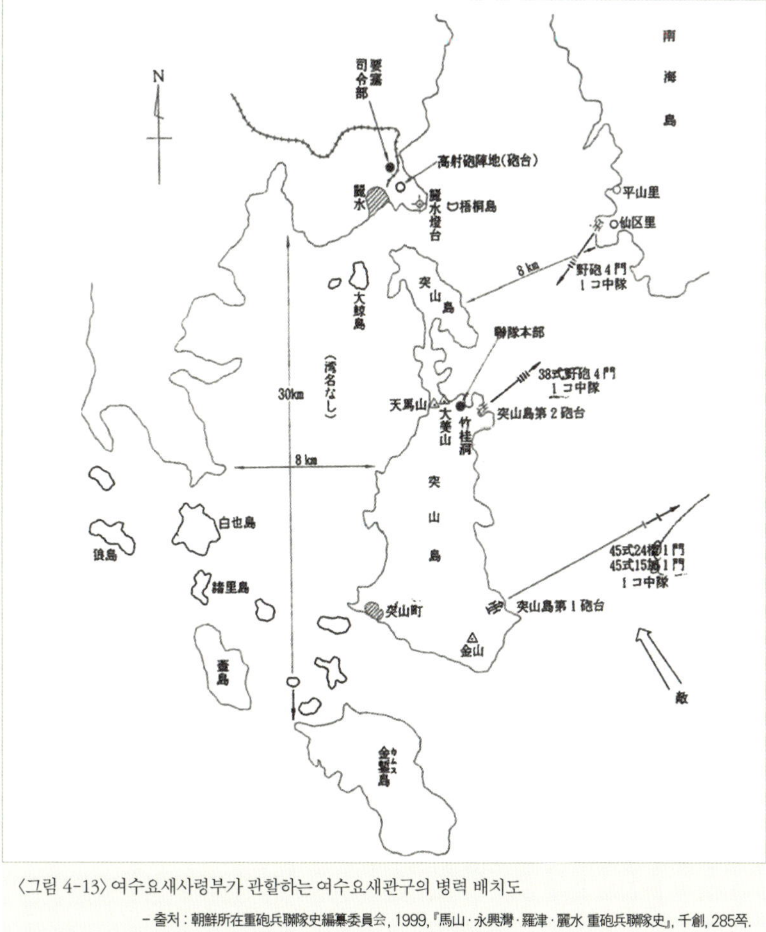

〈그림 4-13〉 여수요새사령부가 관할하는 여수요새관구의 병력 배치도

- 출처: 朝鮮所在重砲兵聯隊史編纂委員会, 1999, 『馬山·永興灣·羅津·麗水 重砲兵聯隊史』, 千創, 285쪽.

서남쪽의 남해군 남면은 여수요새관구의 경계로, 여수항을 방어하는 역할을 했다. 여수는 철도와 여수항이 연결되어 있었다. 여수항을 방어하기 위해 38식 야포 4문과 병력 74명, 고사기관총 1문과 병력 74명을 배치한 것으로 확인된다. 38식 야포를 배치한 남해 선구리에는 관측소, 탱크, 병사 건물 잔여, 그 외에도 여러 시설 흔적이 많이 남았다. 대규모 병영은 다랭이마을로 잘 알려진 홍현리에 설치했다. 부대 주둔지, 해안 포 시설, 유류 탱크, 벙커 등이 건축된 것으로 알려졌지만, 흔적은 남아 있지 않다. 현재는 모두 밭이 되거나 주택이 들어섰다.

15

해방 후 일본군의 귀환과 미군정의 시작

해방 직후 일본군의 현황과 귀환

해방 직후 한반도에 배치되었던 일본군은 25만 명 내외였을 것으로 추산된다. 이중 조선 남부에 주둔한 병력은 18만 명 정도였나. 경성일본군연락부에서 작성한 자료에 따르면 총 17만 9,720명으로 확인된다. 경성사관구 5만 7,110명, 대구사관구 1만 3,480명, 광주사관구 3만 4,710명, 부산요새관구 1만 5,420명, 여수요새관구 680명, 제주도 내 5만 8,320명이다.

조선에 주둔했던 일본군에 1945년 8월 15일 모든 전투 행동을 중지하고, 조선 남부의 모든 부대는 9~12월 서일본 항만으로 귀환하라는 명령이 내려졌다. 항공대는 미군이 상륙하기 전 이미 일본으로 철수한 경우도 있었다. 광주 해군항공대의 경우, 8월 25일 부대 전원이 일본으로 귀환했다.

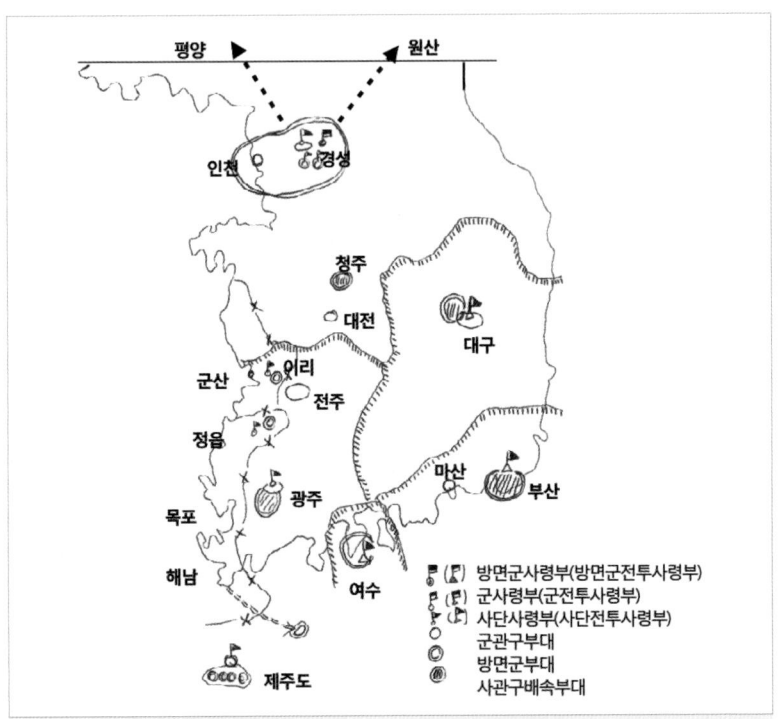

〈그림 4-14〉 1945년 해방 직후 일본군 주둔 현황
- 출처: 김윤미, 2021, 「1945년 해방공간에서 교차하는 미군과 일본군의 이동」, 『지역과 역사』 48, 317쪽.

일본군 귀환 수송을 둘러싸고 일본과 미군은 의견이 달랐다. 일본이 일본군을 가장 마지막에 수송하려고 했던 반면, 미군은 일본군을 가장 먼저 수송하겠다고 결정했다. 미군은 9월 28일 무장해제된 군인을 매일 4천 명씩 수송할 계획이라고 발표하고, 이날 수송을 시작했다. 조선 각지에 배치된 일본군을 부산항으로 수송하고, 부산항에서 일본으로 귀환시키는 작전이다. 부산에 주둔한 일본군을 먼저 보낸 다음 대구 지역의 일본군 수송을 시행했다. 대전과 인근 지역에 주둔하던 일본군은 인

15

해방 후 일본군의 귀환과
미군정의 시작

해방 직후 일본군의 현황과 귀환

　해방 직후 한반도에 배치되었던 일본군은 25만 명 내외였을 것으로 추산된다. 이중 조선 남부에 주둔한 병력은 18만 명 정도였다. 경성일본군연락부에서 작성한 자료에 따르면 총 17만 9,720명으로 확인된다. 경성사관구 5만 7,110명, 대구사관구 1만 3,480명, 광주사관구 3만 4,710명, 부산요새관구 1만 5,420명, 여수요새관구 680명, 제주도 내 5만 8,320명이다.

　조선에 주둔했던 일본군에 1945년 8월 15일 모든 전투 행동을 중지하고, 조선 남부의 모든 부대는 9~12월 서일본 항만으로 귀환하라는 명령이 내려졌다. 항공대는 미군이 상륙하기 전 이미 일본으로 철수한 경우도 있었다. 광주 해군항공대의 경우, 8월 25일 부대 전원이 일본으로 귀환했다.

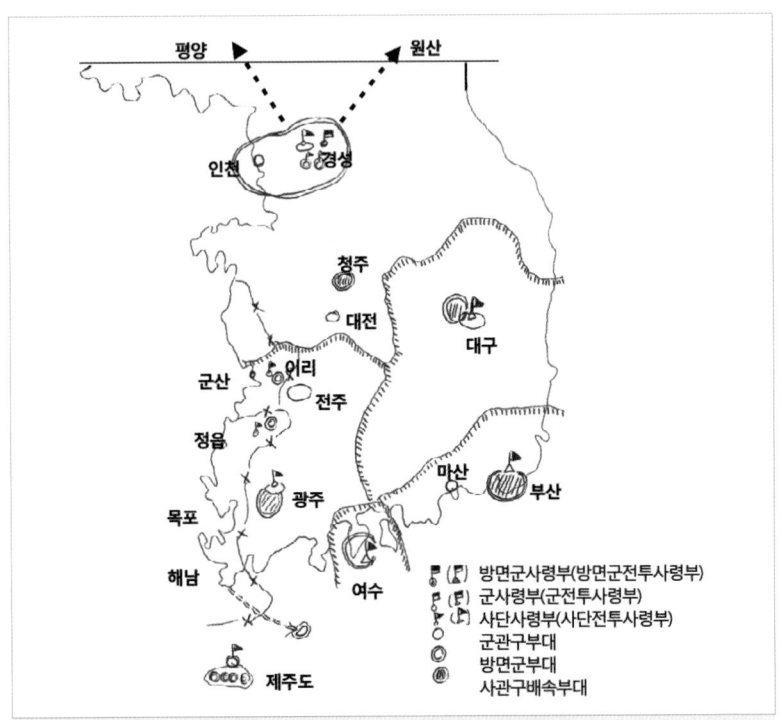

〈그림 4-14〉 1945년 해방 직후 일본군 주둔 현황
- 출처: 김윤미, 2021, 「1945년 해방공간에서 교차하는 미군과 일본군의 이동」, 『지역과 역사』 48, 317쪽.

    일본군 귀환 수송을 둘러싸고 일본과 미군은 의견이 달랐다. 일본이 일본군을 가장 마지막에 수송하려고 했던 반면, 미군은 일본군을 가장 먼저 수송하겠다고 결정했다. 미군은 9월 28일 무장해제된 군인을 매일 4천 명씩 수송할 계획이라고 발표하고, 이날 수송을 시작했다. 조선 각지에 배치된 일본군을 부산항으로 수송하고, 부산항에서 일본으로 귀환시키는 작전이다. 부산에 주둔한 일본군을 먼저 보낸 다음 대구 지역의 일본군 수송을 시행했다. 대전과 인근 지역에 주둔하던 일본군은 인천항으로 집결시켜 미군 함선으로 일본에 수송했다. 부산, 인천으로 일본군 귀환이 끝나자 제주도의 일본군 귀환을 시작했다.

미군의 상륙과 군정의 시작

미군은 일본과 조선을 점령하는 작전을 '블랙리스트(Blacklist)'라고 명명했다. 태평양 미육군 사령부가 책임을 맡았으며, 태평양에 배치된 모든 육군과 해군 부대의 제1순위 임무였다. 조선에서 점령 대상 지역은 1단계 서울과 인천 지구, 2단계 부산 지구, 3단계 군산 지구였다.

'블랙리스트' 계획에 따르면 조선 주둔 일본군 병력은 육군과 해군을 합쳐 27만 명으로 추정하고, 3만 5천 명의 민병대가 있다고 보았다. 이후 전쟁부 자료와 태평양지구 총사령부의 적 병력 평가서는 8월경 37만 5천 명으로 상향 조정했다. 조선에는 위험한 자살특공대 훈련소도 있고, 항공기는 총 840대로 최소 230대가 전투기라고 추정했다. 이렇게 추산한 일본군 병력은 미군 제24사단이 조선에 상륙하자마자 과대평가되었다는 것을 알게 되었다.

미군은 상륙하기 전에 조선과 일본군에 관한 정보를 수집하고 작전을 세웠다. 부산은 점령 대상 지역 중에서 두 번째 큰 도시이자, 조선에서 가장 중요한 항구도시라고 인식했다. 만주와 일본을 잇는 교통의 관문이고, 일본군의 주요 요새지역이자 조선에 주둔한 해군기지 본부인 진해와 가까이 있다고 파악했다. 부산에 주둔한 제160연대는 부산항을 통해 이동하는 모든 일본군, 일본과 조선 민간인을 승선시키는 임무를 맡았다.

미군 보고서에 따르면 1946년 2월 22일까지 제160연대는 113만 972명

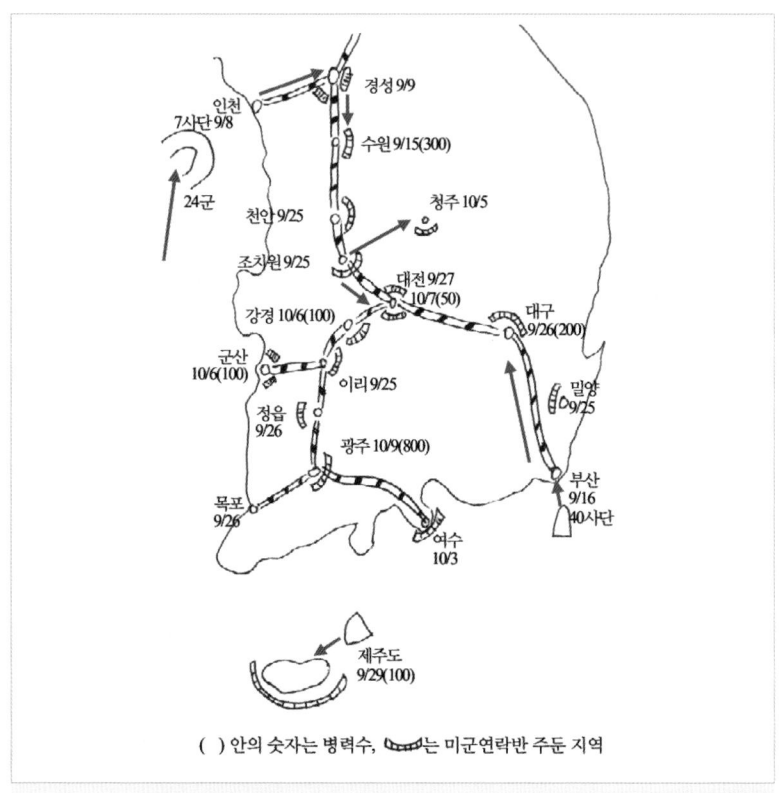

〈그림 4-15〉 1945년 미군 진주 현황
- 출처: 김윤미, 2021, 「1945년 해방공간에서 교차하는 미군과 일본군의 이동」, 『지역과 역사』 48, 323쪽

의 수송을 시행했다. 조선으로 귀환하는 조선인 71만 536명, 일본으로 귀환하는 일본군 10만 2,984명, 일본인 31만 7,452명이었다. 조선 남부에 주둔한 미군은 가장 먼저 일본군 무장해제와 철수를 실시했다. 일본군을 철수시키는 것은 미군정의 행정업무가 아니라 미군의 첫 번째 군사작전이었다.

참고문헌

- 朝鮮總督府, 『官報』
- 朝鮮軍經理部, 1923, 『朝鮮師團營舍建築史 1915-1922』
- 陸軍省, 1945, 『在南鮮日本軍部隊槪況報告』(JACAR, Ref.C13070041300).
- 陸軍省, 1945, 『朝鮮沿岸內陸兵要地理(慶尙南道之部)整理番号第5号 昭和20年6月 10日』(JACAR, Ref.C14021102100)
- 陸軍省, 『飛行場記錄 朝鮮の部』(JACAR, Ref.C16120581700)
- 陸軍築城部本部 編, 1943, 『現代本邦築城史 第二部 第十一卷: 釜山要塞築城史』
- 第2復員局, 1945, 『鎭海警備府 引渡目錄』(JACAR, Ref.C08010531900).
- 參謀本部, 1921, 「要塞整理ノ件」, 『大正10年「軍事機密大日記3/5」』(JACAR Ref. C02030098200)
- 海軍軍令部, 1911, 『極秘 明治37.8年海戰史』(JACAR, Ref.C05110029500)
- 海軍省, 1945, 「鎭海航空基地」, 『鎭海警備府 引渡目錄 3/3』(JACAR, Ref. C08010529800)

- 고경석, 2016, 『진해군항사』, 해군사관학교 해양연구소
- 국립일제강제동원역사관, 2017, 『강제동원의 역사와 현장: 서부경남편』
- 국방부군사편찬연구소, 2023, 『조선군개요사』, 국방부출판지원단
- 국방부군사편찬연구소, 2023, 『조선주차군역사』, 국방부출판지원단
- 김연옥 편역, 2021, 『일본 해군의 한반도 기지 건설』, 역사공간
- 니시무타야 야스시 저·이애옥 역, 2021, 『1945 귀환, 진해! 기억속의 고향』, 신세림 출판사
- 다케쿠니 도모야스 저·이애옥 역, 2019, 『진해의 벚꽃』, 논형
- 문화재청, 2007, 『2007 군부대 문화재 조사보고서』
- 문화재청, 2013, 『태평양 전쟁유적(부산, 경남, 전남 지역) 일제조사 연구용역』
- 부산광역시청, 2013, 『부산시민공원 역사관 연구총서 Ⅲ-일본 방위성 소장 부산주 둔 일본군 자료집』, 신우정판사

- 부산광역시청, 2013, 『부산시민공원 역사관 연구총서Ⅱ-일본 방위성 소장 부산주둔 일본군 자료집』, 신우정판사
- 신주백, 2021, 『일본군의 한반도 침략과 일본의 제국 운영』, 동북아역사재단
- 이완희, 2014, 『한반도는 일제의 군사요새였다』, 나남
- 일제강점하강제동원피해진상규명위원회, 2008, 『갑자·을축생은 군인에 가야한다』
- 일제강점하강제동원피해진상규명위원회, 2008, 『굴 파러 군대 갔어!』
- 일제강점하강제동원피해진상규명위원회, 2008, 『일제시기 조선 내 군사시설 조사』
- 정혜경, 2014, 『우리 마을 속의 아시아태평양전쟁유적: 광주광역시』, 선인
- 정혜경, 2018, 『우리 지역의 아시아태평양전쟁 유적 활용』, 선인
- 정혜경, 2020, 『일본의 아시아태평양전쟁과 조선인 강제동원』, 동북아역사재단
- 조건, 2023, 『'영예'로운 패전: 일제 침략군의 한반도 전쟁기지화와 상처받지 않은 패전』, 선인
- 후지와라 아키라 저·서영식 역, 2013, 『일본군사사』 上

- 김경남, 2007, 「일제말 전시체제기 부산 시가지계획의 전개와 그 특질」, 『지역과 역사』 20
- 김경남, 2009, 「1930·40년대 전시체제기 부산 시가지계획의 군사적 성격」, 『한일관계사연구』 34
- 김경남, 2012, 「韓末 日帝의 鎭海湾要塞 建設과 植民都市 開発의 変形」, 『항도부산』 28
- 김기수 외, 2011, 「부산 하야리아 부대의 시대적 변화와 건축적 현황에 대한 고찰」, 『석당논총』 49
- 김상규, 2022, 「조선 주둔 일본군의 대외 침략과 군사동원」, 고려대학교 박사학위논문
- 김윤미, 2018, 「'조선군 임시병참사령부'의 부산 숙영 시행과 지역 변화」, 『역사와 경계』 109
- 김윤미, 2019, 「일본 해군의 남해안 조사와 러일전쟁」, 『한국민족운동사연구』 99
- 김윤미, 2019, 「일본의 한반도 군용 해저통신망 구축과 '제국' 네트워크」, 『숭실사학』 43
- 김윤미, 2022, 「아시아태평양전쟁과 부산의 군사기지화」, 『항도부산』 44
- 김윤미, 2022, 「아시아태평양전쟁기 일본 해군의 진해경비부 설치와 한반도 해역

작전 활동」,『한국민족운동사연구』110
- 박란, 2022,「일제의 조선 항공정책과 항공기지 건설」, 연세대학교 석사학위논문
- 신주백, 2009,「1945년 한반도 남서해안에서의 '본토결전' 준비와 부산·여수의 일본군 시설지 현황」,『軍史』70
- 심재욱, 2014,「전시체제기 조선인 해군군속의 일본 지역 동원 현황」,『한국민족운동사연구』81
- 심재욱, 2021,「'태평양전쟁'기 일본 特設海軍設營隊의 조선인 군속 동원」,『한국민족운동사연구』106
- 이지영, 2021,「일제의 한반도 침탈과 부산·진해만요새의 구축에 관한 연구」, 부산대학교 박사학위논문
- 조건, 2017,「해방 직후 일본군의 한반도 점령 실태와 귀환」,『한국학논총』47
- 조건·김천수·한동수, 2013,「한국근대건축 연구자료『朝鮮師團營舍建築史』에 관한 소개」,『건축역사연구』22(1)
- 최성환, 2011,「러일전쟁기 일본해군의 玉島 八口浦防備隊 설치와 활용」,『도서문화』38

- 宮田節子, 1989,『朝鮮軍概要史』, 不二出版
- 稻葉千晴, 2016,『バルチック艦隊ヲ捕捉セヨ-海軍情報部の日露戦争』, 軍学堂
- 防衛廳防衛研修所 戰史室, 1971,『戰史叢書19, 本土防空作戰』, 朝雲新聞社
- 防衛廳防衛研修所 戰史室, 1971,『戰史叢書19, 本土防空作戰』, 朝雲新聞社
- 防衛廳防衛研修所 戰史室, 1971,『戰史叢書19, 本土防空作戰』, 朝雲新聞社
- 防衛廳防衛研修所 戰史室, 1975,『戰史叢書82, 大本營陸軍部(10)』, 朝雲新聞社
- 山本 編, 2015,『地域のなかの軍隊 8-軍隊と地域社會を問う: 地域社會編』, 吉川弘文館
- 朝鮮所在重砲兵聯隊史編纂委員会, 1999,『重砲兵聯隊史-馬山·永興灣·羅津·麗水』, 千創
- 坂本悠一 編, 2015,『地域のなかの軍隊 7-帝國支配の最前線: 植民地』, 吉川弘文館
- 荒川·河西·坂根·坂本·原田 編, 2015,『地域のなかの軍隊 8-日本の軍隊を知る: 基礎知識編』, 吉川弘文館
- 荒川章二, 2001,『軍隊と地域』, 靑木書店

찾아보기

ㄱ
가근거지방비대 17, 20, 21, 38, 55
가덕도 6, 12, 25~33, 37, 38, 45, 55, 59, 62, 63, 71
거제도 6, 12, 15, 17, 22, 26, 28, 32, 33, 37, 38, 44~46, 55, 56, 59, 63, 71, 78
공군기지 96
관동군특별연습(關東軍特別演習, 이하 관특연) 84~86, 88, 93, 111
교통 12, 59, 66, 85, 117, 119, 125
군용지 30, 32, 34~36, 54~56, 62, 67, 69, 86~90
군항 13, 48~51, 54~56, 59, 62, 69, 78
김해 6, 55, 96, 98, 101~103, 107, 116

ㄴ
남해 6, 32, 33, 44, 45, 48, 65, 107, 120, 122
남해항로 33, 44, 79

ㄷ
대한해협 5, 6, 12, 13, 15, 16, 21, 41, 44, 65, 66, 70, 73~75, 79, 84, 85, 88, 111, 116

ㄹ
러일전쟁 6, 12, 14, 16, 21~24, 29, 33, 34, 40, 42~45, 49, 50, 55~57, 59, 61, 62, 86, 117

ㅁ
마산 6, 55, 61, 63, 71, 72, 80, 117
만주사변 78
망루 42, 44~46
밀양 6, 7, 113, 117, 118

ㅂ
본토결전 106, 107, 114, 116, 120
부산 6, 29, 30, 35, 44, 45, 60, 65, 72, 81, 82, 86~90, 94, 97, 98, 107, 109, 117, 125
비닉(秘匿) 113, 114
비행장 6, 7, 92~103, 113~119

ㅅ
사천 7, 107, 116, 119
삼랑진 7, 117, 118
삼천포 7, 72, 109, 119, 120
송진포 12, 15, 17~25, 49, 63

ㅇ
아시아태평양전쟁 5, 6, 7, 51, 86, 93, 106

여수항 120, 122
울산 6, 44~46, 93, 94, 107, 109, 116
워싱턴군축회의 74
원산 18, 27, 35, 44, 49, 50, 59, 62, 81, 86, 98, 117
육군사용지(陸軍使用地) 30
요새사령부 60, 62, 27, 29, 50, 60, 63, 67, 88, 109
일본해 해전 기념탑(日本海海戰記念塔) 24

• ㅈ •

제5항공군 95, 114~116, 118
제주도 44, 46, 97, 98, 106, 109, 113, 117, 123, 125
조계지 13, 61, 62
조차(租借) 13, 14, 61, 62
중일전쟁 35, 71, 72, 75, 84, 93, 119
지심도 6, 33, 72~74, 78, 79, 112
진수부 17, 20, 44, 50, 51, 56
진수부조례 51
진주 60, 62, 107, 113, 119, 126
진해 6, 12~17, 20~29, 32, 33, 35, 36, 38, 40, 45, 46, 48~57, 59~68, 70~72, 75, 78~80, 86, 88, 97~101, 125

• ㅊ •

철도 6, 7, 49, 69, 72, 85, 90, 99, 116, 117, 119, 122
청일전쟁 13, 17, 29, 40, 42, 59

총동원체제 66

• ㅌ •

태평양함대 13, 14, 21
통신 15, 40, 42, 44, 71, 117
통영 33, 44, 55, 60, 62, 107

• ㅎ •

한국주차군 27, 36, 39, 40, 54, 57, 60
한일의정서 34, 54
항공기지 92, 97~103, 113, 116
항구도시 125
해군기지 6, 13, 15, 17, 49, 51, 52, 60, 62, 98, 125
해안망루조례(海岸望樓條例) 42
해저전선 38, 40, 42
헌병경찰 58

찾아보기 · 131

일제침탈사 바로알기 26
부산·경남 지역 일제 침략전쟁의 기억과 흔적

초판 1쇄 발행   2023년 12월 27일

지은이   김윤미
펴낸이   이영호
펴낸곳   동북아역사재단

등 록   제312-2004-050호(2004년 10월 18일)
주 소   서울시 서대문구 통일로 81 NH농협생명빌딩
전 화   02-2012-6065
홈페이지   www.nahf.or.kr
제작·인쇄   니케북스

ISBN   979-11-7161-034-1 04910
          978-89-6187-482-3 (세트)

• 이 책은 저작권법으로 보호를 받는 저작물이므로 어떤 형태나 어떤 방법으로도 무단전재와 무단복제를 금합니다.
• 책값은 뒤표지에 있습니다. 잘못된 책은 바꾸어 드립니다.